ACIDENTES DE TRABALHO

VIRIATO REIS

ACIDENTES DE TRABALHO

ALMEDINA

ACIDENTES DE TRABALHOS

AUTOR
VIRIATO REIS
COORDENADOR DA COLECÇÃO "DIREITOS E DEVERES DOS CIDADÃOS"
EDGAR VALLES

EDITOR
EDIÇÕES ALMEDINA, SA
Av. Fernão Magalhães, n.º 584, 5.º Andar
3000-174 Coimbra
Tel.: 239 851 904
Fax: 239 851 901
www.almedina.net
editora@almedina.net

PRÉ-IMPRESSÃO | IMPRESSÃO | ACABAMENTO
G.C. – GRÁFICA DE COIMBRA, LDA.
Palheira – Assafarge
3001-453 Coimbra
producao@graficadecoimbra.pt

Maio, 2009

DEPÓSITO LEGAL
294097/09

Os dados e as opiniões inseridos na presente publicação
são da exclusiva responsabilidade do(s) seu(s) autor(es).

Toda a reprodução desta obra, por fotocópia ou outro qualquer
processo, sem prévia autorização escrita do Editor, é ilícita
e passível de procedimento judicial contra o infractor.

Biblioteca Nacional de Portugal – Catalogação na Publicação

REIS, Viriato

Acidentes de trabalho e doenças profissionais.
– (Direitos e Deveres dos Cidadãos)
ISBN 978-972-40-3839-1

CDU 347
  351
  368
  331

ADVERTÊNCIA

Na elaboração deste guia, teve o autor a preocupação essencial de traduzir em linguagem acessível o que de mais relevante decorre da legislação vigente em Portugal sobre o tema, de forma a que o cidadão possa apreender as questões que lhe surgem no dia-a-dia.

Tendo em conta a extensão da matéria e a diversidade das situações da vida real, não é possível, nem conveniente, o seu tratamento exaustivo. Por isso, foram abordadas apenas as situações mais frequentes ou aquelas relativamente às quais pareceu mais necessária ou útil a informação.

As informações constantes desta obra baseiam-se no quadro legal em vigor. Alerta-se, no entanto, o leitor para a diversidade das situações da vida real, para a variedade das circunstâncias, para a possibilidade de alteração da lei e ainda para o facto de as normas jurídicas aplicáveis admitirem, por vezes, mais do que uma interpretação.

Faz-se ainda notar que, tratando-se de uma obra com intuitos essencialmente informativos, é sempre aconselhável a consulta de entidades, serviços ou técnicos especialmente habilitados, designadamente advogados e solicitadores que, dispondo de elementos pertinentes, estarão em condições de fornecer informações ou orientações adequadas sobre os direitos ou as obrigações em causa.

INDICE

Advertência 5

I – Conceito de Acidente de Trabalho e de Doença
    Profissional 11
- Acidente de trabalho – conceito-base ou nuclear
- Acidente de trabalho – outras situações
- Acidente de trajecto
- Doença profissional
- Doença profissional típica
- A Lista das Doenças Profissionais
- Doença profissional atípica

II – O direito à protecção legal e os seus titulares 18
- Acidentes de trabalho
- O seguro obrigatório
- Trabalhador por conta de outrem
- Trabalhador independente
- Doenças Profissionais
- O Centro Nacional de Protecção Contra os Riscos Profissionais
- Sinistrado ou portador de doença profissional – incapacidade para o trabalho
- Familiares beneficiários – acidente ou doença profissional que provoca a morte

III – Tipos e avaliação da incapacidade para o trabalho 25
- Incapacidades temporárias
- Incapacidades permanentes
- A Tabela Nacional de Incapacidades
- Avaliação pela seguradora e pelo CNPCRP
- O exame pericial no processo judicial

IV – Reparação dos danos 30
- Exclusão da responsabilidade

- Danos indemnizáveis e não indemnizáveis
- Danos não patrimoniais
- Acidente causado por terceiro
- Predisposição patológica
- Lesão ou incapacidade anterior
- Acumulabilidade das pensões com a retribuição

V – Tipos e montantes das prestações 40
- Primeiros socorros
- Prestações em espécie
- Valor da retribuição
- Praticantes, aprendizes e estagiários
- Trabalho a tempo parcial
- Retribuição mínima
- Prestações em dinheiro
- Indemnizações por incapacidade temporária
- Pensões ou capital de remição por incapacidade permanente ou por morte
- Outras prestações e subsídios
- Regime mais favorável

VI – Participação do Acidente de Trabalho e da Doença Profissional e processo judicial 65
- Acidente de trabalho
- Participação do sinistrado ou dos seus familiares à entidade patronal
- Participação da entidade patronal e do trabalhador independente à seguradora
- Doença profissional
- Participação obrigatória dos médicos
- Requerimento pelos interessados
- Fase conciliatória do processo judicial
- Participação obrigatória pela seguradora – prazo
- Participação pelo sinistrado ou pelos seus familiares – prazo
- Exame médico
- Tentativa de conciliação
- Fase contenciosa do processo

- Patrocínio judiciário
- Exame por junta médica
- Custas processuais
- Caução da entidade empregadora
- Garantia do pagamento da pensão por acidente de trabalho – o Fundo de Acidentes de Trabalho.

VII – Manutenção, modificação e caducidade de direitos 85
- Agravamento da lesão ou da doença
- Direito a tratamento
- Revisão da incapacidade
- Actualização da pensão
- Seguradora e FAT
- Entidade empregadora
- CNPCRP
- Remição da pensão
- Caducidade do direito à pensão

VIII – Contrato de seguro de acidentes de trabalho 91
- Modalidades do seguro
- Menções nas folhas de retribuições
- Resolução por falta de pagamento do prémio

IX – Responsabilidade contra-ordenacional 95

X – Legislação essencial 99

XI – Léxico principal 101

XII – Minuta de participação de acidente de trabalho ao Tribunal 105

CONCEITO DE ACIDENTE DE TRABALHO E DE DOENÇA PROFISSIONAL

1. O que é um acidente de trabalho?

De acordo com o conceito-base ou nuclear definido na lei, acidente de trabalho é aquele que:
- se verifique no local e tempo de trabalho;
- produza, directa ou indirectamente, lesão corporal, perturbação funcional ou doença;
- de que resulte redução na capacidade de trabalho ou de ganho ou a morte.

Pode-se definir o acidente de trabalho com sendo um evento súbito e imprevisto, de origem externa e de carácter lesivo do corpo humano, ou seja um acontecimento instantâneo ou de duração curta e limitada no tempo, de origem exterior ao organismo do sinistrado e que provoque uma alteração no anterior estado físico ou de saúde.

A diversidade dos acontecimentos que constituem acidentes de trabalho não permite que se faça um elenco de eventos. Apenas se pode dizer, de forma genérica, que o acidente de trabalho pode traduzir-se numa pancada com um objecto contundente ou cortante, numa queda, numa explosão, num entalão ou num mau jeito ou torção de uma parte do corpo.

2. Como se distingue o acidente de trabalho da doença profissional?

O carácter súbito do acidente de trabalho constitui a principal característica diferenciadora deste relativamente à doença profissional, dado que esta surge na sequência de uma exposição lenta e progressiva a um determinado risco profissional. Assim, por exemplo, a surdez (que tecnicamente se designa por hipoacusia) que tenha como causa a actividade laboral pode decorrer de um acidente de trabalho ou de uma doença profissional, consoante a perda de audição resulte de um traumatismo provocado por um objecto, por uma pancada ou por uma explosão (acidente de trabalho) ou pela permanência prolongada do trabalhador num ambiente de trabalho muito ruidoso (doença profissional), respectivamente.

3. O que se considera local de trabalho?

Local de trabalho é todo o lugar em que o trabalhador se encontra em virtude do seu trabalho e em que esteja, directa ou indirectamente, sujeito ao controlo do empregador.

4. O que se entende por tempo de trabalho?

Considera-se tempo de trabalho:
– o período normal de laboração, o que inclui, também, o trabalho suplementar e o prestado em dia de descanso semanal e feriado;
– o que preceder o início do período normal de laboração, em actos de preparação ou com ele relacionados, e o que se lhe seguir, em actos também com ele relacionados;
– as interrupções normais ou forçosas de trabalho.

5. Em que outro tipo de situações se verifica a ocorrência de um acidente de trabalho?

Para além do conceito-base ou nuclear de acidente de trabalho, a lei classifica, também, como acidente de trabalho outras situações que têm uma conexão, ainda que indirecta, com a relação laboral. Assim, são acidentes de trabalho os que ocorram:
1.º na execução de serviços espontaneamente prestados pelo trabalhador e de que possa resultar proveito económico para a entidade empregadora;
2.º fora do local ou do tempo de trabalho, quando verificado na execução de serviços determinados pela entidade empregadora ou por esta consentidos;
3.º quando em frequência de curso de formação profissional, no local de trabalho ou fora dele, neste caso

quando exista autorização expressa da entidade empregadora para tal frequência;
4.º no local de trabalho, quando no exercício do direito de reunião ou de actividade de representante dos trabalhadores, nos termos legais;
5.º em actividade de procura de emprego durante o crédito de horas para tal concedido aos trabalhadores com processo de cessação do contrato de trabalho em curso;
6.º no local do pagamento da retribuição, enquanto o trabalhador aí permanecer para tal efeito;
7.º no local onde ao trabalhador deva ser prestada qualquer forma de assistência ou tratamento por virtude de acidente anterior e enquanto aí permanecer para esses fins.

6. Em que consiste esse crédito de horas?

O crédito de horas referido no ponto 5.º da resposta anterior é o que está previsto na legislação laboral (no Código do Trabalho) para os casos de despedimento colectivo e de extinção do posto de trabalho, no âmbito dos quais a lei garante aos trabalhadores abrangidos por uma dessas formas de despedimento, durante o prazo de aviso prévio, um crédito de horas correspondente a dois dias de trabalho por semana para procura de novo emprego.

7. Um acidente de trajecto ou de percurso também é um acidente de trabalho?

A lei também considera acidente de trabalho o ocorrido no trajecto de ida e de regresso para e do local de trabalho, desde que o acidente ocorra:
– no trajecto normalmente utilizado;
– e durante o período de tempo ininterrupto habitualmente gasto.

Destes dois requisitos resulta que não podem, em princípio, ocorrer interrupções ou desvios no trajecto normal.

Todavia, não deixará de ser considerado acidente de trajecto aquele em que se verifiquem interrupções ou desvios do trajecto normal se forem determinados:
- pela satisfação de necessidades atendíveis do trabalhador (por exemplo, se o trabalhador vai levar ou buscar os filhos à escola);
- por motivo de força maior (por exemplo, se ocorre um corte de estrada devido à inundação da via em consequência de uma chuvada torrencial);
- por caso fortuito (por exemplo, se o veículo em que o trabalhador se desloca sofre uma avaria imprevista que o obriga a mudar de meio de transporte ou a dirigir-se a uma oficina de reparação automóvel).

8. Em que percursos pode ocorrer um acidente de trajecto?

São considerados os seguintes trajectos:
1.º entre a residência habitual ou ocasional do trabalhador, desde a porta de acesso para as áreas comuns do edifício ou para a via pública, até às instalações que constituem o seu local de trabalho;
2.º entre a residência habitual ou ocasional do trabalhador ou as instalações que constituem o seu local de trabalho e o local do pagamento da retribuição, enquanto o trabalhador aí permanecer para tal efeito ou o local onde ao trabalhador deva ser prestada qualquer forma de assistência ou tratamento por virtude de acidente anterior e enquanto aí permanecer para esses fins.
3.º entre o local de trabalho e o local da refeição;
4.º entre o local onde por determinação da entidade empregadora o trabalhador presta qualquer serviço relacionado com o seu trabalho e as instalações que constituem o seu local de trabalho habitual.

9. Em que consiste a residência ocasional?

A residência ocasional referida nos pontos 1.º e 2.º da resposta anterior pode ser, designadamente, aquela em que o sinistrado passa fins-de-semana, efectuando o mesmo a deslocação quando regressa da mesma para o trabalho no início da semana de trabalho ou quando vai do trabalho para essa residência no final da semana.

10. O conceito de acidente de trajecto depende da intervenção no mesmo de um veículo, do tipo de veículo ou de quem é o seu proprietário?

O tipo de veículo ou a sua propriedade não têm qualquer relevância para a classificação de um acidente como sendo de trajecto. De facto, o acidente pode ocorrer com qualquer tipo de veículo como pode não haver intervenção de qualquer veículo se a deslocação for feita a pé. E também é indiferente que o veículo seja propriedade do trabalhador, da entidade empregadora ou de um terceiro, podendo o acidente ocorrer com um veículo de um serviço de transporte público.

As situações mais frequentes resultam da colisão de veículos, de atropelamentos e de quedas do trabalhador sinistrado quando caminha.

11. Qualquer acidente que ocorra no tempo e no local de trabalho deve ser considerado um acidente de trabalho?

Em princípio, um acidente que ocorra no tempo e no local de trabalho deverá ser considerado como um acidente de trabalho.

Todavia, há certos eventos que podem resultar única e exclusivamente de uma causa natural, como por exemplo, um acidente vascular cerebral (AVC) ou um enfarte do miocárdio (ataque cardíaco). Por isso, um acontecimento desse tipo, embora ocorra no local e no tempo de trabalho, não constitui um acidente de trabalho, precisamente porque se trata de uma doença natural que tanto podia ter-se manifestado no trabalho como fora dele, tendo exclusivamente uma origem interna ao organismo da vítima.

No entanto, já será um acidente de trabalho se se verificar algum facto no trabalho que tenha desencadeado essa situação ou contribuído para o seu agravamento, havendo, nesse caso, também um factor externo ao organismo que concorre para a verificação da lesão. Por exemplo: um trabalhador sofre uma hemorragia cerebral que foi ocasionada por uma pancada na cabeça, mas o mesmo já tinha um aneurisma que podia manifestar-se em qualquer momento. Como a hemorragia foi ocasionada por um traumatismo ocorrido no tempo e no local de trabalho, aquela situação deverá ser considerada como um acidente de trabalho.

12. Quem tem de provar que a lesão ou doença resultou do acidente de trabalho?

Para que haja lugar a reparação pelas consequências do acidente de trabalho é necessário que se verifique um nexo de causalidade adequada entre o facto material do acidente de trabalho e a lesão, da qual decorre a incapacidade para o trabalho ou a morte. Ou seja, tem de se verificar uma relação de causa e efeito entre o acidente e a lesão, de modo a que se possa afirmar que a lesão resulta directa ou indirectamente do acidente e não exclusivamente de uma outra causa qualquer.

A lei prevê que a lesão ou doença que seja reconhecida a seguir a um acidente se presume ser consequência desse acidente. Assim, sempre que a lesão for verificada logo após um acidente, designadamente por quem prestar os primeiros socorros, presume-se que existe esse nexo de causalidade entre o acidente e a lesão.

Por isso, como o sinistrado e os beneficiários gozam dessa presunção legal, caso a entidade responsável não aceite que a lesão é consequência do acidente, terá de ser ela a provar a falta desse nexo de causalidade.

Todavia, se a lesão não for reconhecida logo a seguir ao acidente, só se vindo a manifestar mais tarde, cabe ao sinistrado ou aos beneficiários legais, em caso de acidente que provoque a morte, provar que a mesma é consequência do acidente. Naturalmente, esta necessidade de prova só se verificará se houver litigio quanto a esse aspecto, ou seja se a entidade responsável não aceitar que uma determinada lesão que não foi reconhecida a seguir ao acidente é dele resultante.

13. O que é uma doença profissional?

Como se disse anteriormente, o que distingue o acidente de trabalho da doença profissional é o modo como se verificam um e o outro evento.

Assim, enquanto que o acidente de trabalho ocorre de uma forma súbita, no sentido de que se verifica num curto e limitado período de tempo, mais ou menos instantâneo, a doença profissional surge de forma lenta e progressiva e é o resultado de uma exposição continuada no tempo a um determinado risco profissional pelo trabalhador.

São doenças profissionais as constantes da lista das doenças profissionais. Estas, precisamente por estarem previstas numa lista aprovada legalmente, são conhecidas como doenças típicas. Essa lista deve ser objecto de actualização periódica de forma a que nela sejam integradas as novas doenças que, de acordo com a evolução técnica e científica, venham ser reconhecidas como doenças profissionais. A lista actualmente em vigor foi aprovada pelo Decreto Regulamentar 6/2001, de 5 de Maio, parcialmente alterado pelo Decreto Regulamentar 76/2007, de 17 de Julho.

A silicose, a hipoacusia (surdez) e as tendinites de origem profissional são exemplos de doenças profissionais previstas na Lista de Doenças Profissionais.

São ainda consideradas doenças profissionais, as lesões, perturbações funcionais ou doenças, não incluídas na lista das doenças profissionais, desde que sejam consequência necessária e directa da actividade exercida pelos trabalhadores e não representem normal desgaste do organismo. Porque não integram a lista das doenças profissionais, estas são normalmente designadas por atípicas.

14. Quais são os pressupostos da reparação das doenças profissionais?

Há direito à reparação emergente de doenças profissionais típicas ou presumidas (as que constam da lista das doenças profissionais) quando, cumulativamente, se verifiquem as seguintes condições:
– estar o trabalhador afectado da correspondente doença profissional;
– ter estado o trabalhador exposto ao respectivo risco pela natureza da indústria, actividade ou condições, ambiente e técnicas do trabalho habitual.

Relativamente às doenças profissionais que não constam da lista (as atípicas ou não presumidas), há lugar à reparação desde que se prove que as mesmas são consequência, necessária e directa, da actividade exercida e não represente normal desgaste do organismo. Exige-se, por isso, quanto a estas, que se prove a verificação do nexo de causalidade entre a actividade exercida pelo trabalhador e a doença, de modo a que se estabeleça que a doença resulta da actividade profissional e não do processo normal de desgaste e envelhecimento do organismo humano. Essa verificação depende sobretudo de avaliação técnica e pericial e, especialmente, médico-legal.

O DIREITO À PROTECÇÃO LEGAL E OS SEUS TITULARES

15. Como se efectua a protecção dos trabalhadores por conta de outrem vítimas de acidente de trabalho?

As entidades empregadoras são obrigadas a responder pela reparação das consequências dos acidentes de trabalho que sofram os trabalhadores ao seu serviço com base na responsabilidade objectiva ou pelo risco, isto é, mesmo que não tenham ocorrido por culpa sua.

A lei obriga as entidades empregadoras a transferir a sua responsabilidade pela reparação dos danos resultantes de acidente de trabalho para uma companhia de seguros relativamente aos trabalhadores por conta de outrem que têm ao seu serviço.

Assim, em caso de acidente de trabalho, quem deverá proceder à reparação dos danos será a seguradora em lugar da entidade empregadora.

Vigora, assim, um sistema de protecção de carácter privado, com base no seguro obrigatório, regulamentado pelo Estado.

16. Que informações deve a entidade empregadora fornecer aos trabalhadores relativamente aos seus direitos em caso de acidente de trabalho?

Todas as empresas que tenham normalmente ao seu serviço mais de cinco trabalhadores devem afixar, nos respectivos estabelecimentos e em lugar bem visível, as disposições da lei e dos seus regulamentos referentes às obrigações dos sinistrados e dos responsáveis, em matéria de acidentes de trabalho.

Além disso, os recibos de retribuição do trabalhador, que a entidade empregadora lhe deve entregar aquando do seu pagamento, devem, obrigatoriamente, identificar a empresa de seguros para a qual o risco se encontra transferido à data da sua emissão. O trabalhador pode, assim, verificar mensalmente se a entidade empregadora celebrou e mantém em vigor o contrato de seguro de acidente de trabalho e com que seguradora.

17. Quem é responsável pelas consequências do acidente de trabalho?

Em princípio, é responsável pelas consequências do acidente de trabalho a companhia de seguros, desde que a transferência da responsabilidade esteja correctamente efectuada pela entidade empregadora.

No entanto, a entidade empregadora será integralmente responsável se não tiver efectuado o seguro obrigatório ou se não tiver incluído o trabalhador sinistrado na relação de trabalhadores que envia à seguradora antes da ocorrência do acidente.

A entidade empregadora será parcialmente responsável se não tiver transferido a sua responsabilidade pela totalidade da retribuição do trabalhador sinistrado, respondendo, neste caso, pela diferença entre o valor da retribuição real e o da retribuição que declarou à seguradora e pela qual pagou o prémio de seguro, cabendo à seguradora a responsabilidade, apenas, pelo valor da retribuição que lhe foi declarada.

18. Como se efectiva a responsabilidade no caso de o acidente resultar da violação de regras de segurança no trabalho por parte da entidade empregadora?

Neste caso, a responsabilidade recai sobre a entidade empregadora. O valor da indemnização e da pensão, quer esta resulte de incapacidade quer de morte, é agravado, sendo assim mais elevado do que nos casos em que não há violação das regras de segurança.

A seguradora será, apenas, subsidiariamente responsável pelo valor normal das prestações previstas na lei. Ou seja, a seguradora apenas deverá proceder ao pagamento das prestações com o seu valor normal caso a entidade empregadora não cumpra a sua obrigação de proceder ao pagamento das prestações com o valor agravado relativamente ao normal.

19. Como se realiza a protecção legal dos trabalhadores independentes?

Os trabalhadores independentes, que a lei considera como sendo os que exercem uma actividade por conta própria, são legalmente obrigados a efectuar um seguro de acidentes de trabalho que garanta as prestações previstas na lei para os trabalhadores por conta de outrem.

Ficam, assim, garantidas pelo contrato de seguro para os trabalhadores independentes, com as devidas adaptações, as prestações previstas na lei para os trabalhadores por conta de outrem e seus familiares.

Esse seguro deve abranger, pelo menos, o valor de 14 vezes da remuneração mínima mensal garantida (ou salário mínimo nacional). Todavia, o trabalhador independente pode celebrar o contrato de seguro por um valor superior àquele mínimo, situação em que a seguradora pode exigir prova de rendimento.

Sendo o contrato de seguro celebrado por um ano e seguintes, a remuneração é obrigatória e automaticamente actualizada pela seguradora, na data da entrada em vigor do novo valor da remuneração mínima, mesmo que o segurado não proceda a essa actualização.

20. Como se efectua a protecção dos trabalhadores por conta de outrem vítimas de doença profissional?

A protecção da eventualidade de doenças profissionais integra-se no âmbito material do regime de segurança social dos trabalhadores por conta de outrem e dos independentes. A responsabilidade pela reparação dos danos é do Centro Nacional de Protecção Contra os Riscos Profissionais, serviço integrado no Instituto de Segurança Social, I.P.

Trata-se, assim, de um sistema público de protecção.

21. Quem é abrangido pela protecção legal em caso de acidente de trabalho?

Têm direito à protecção legal os trabalhadores por conta de outrem, de qualquer actividade, seja ou não explorada com fins lucrativos, pelo que são, também, abrangidos os trabalhadores de serviço doméstico ou de instituições particulares de solidariedade social, por exemplo.

Consideram-se trabalhadores por conta de outrem os que estejam vinculados por contrato de trabalho ou contrato legalmente equiparado, os praticantes, aprendizes, estagiários e demais situações de formação prática e os que prestam determinado serviço e estejam em situação de dependência económica da pessoa servida.

No contrato legalmente equiparado ao contrato de trabalho cabe, essencialmente, o chamado trabalho no domicílio.

São, ainda, abrangidos os administradores, directores, gerentes ou equiparados das sociedades comerciais se forem remunerados.

22. Quem são os titulares do direito às prestações em caso de acidente de trabalho e de doença profissional de que resulte incapacidade para o trabalho?

Se do acidente de trabalho ou da doença profissional resultar incapacidade para o trabalho, temporária ou permanente, o titular da protecção legal é o próprio trabalhador sinistrado ou portador de doença profissional.

23. Quem são os titulares do direito às prestações em caso de acidente de trabalho de que resulte a morte?

Se do acidente de trabalho resultar a morte do trabalhador, os titulares das prestações são determinados familiares ou equiparados do trabalhador, a saber:
– Cônjuge ou pessoa em união de facto;
– Ex-cônjuge ou cônjuge judicialmente separado à data do acidente e com direito a alimentos;
– Filhos, incluindo os nascituros e adoptados plena ou restritamente à data do acidente, até perfazerem 18 anos de idade, independentemente de frequentarem qualquer grau de ensino, e 22 ou 25 anos de idade, enquanto frequentarem, respectivamente, o ensino secundário ou equiparado ou curso de nível superior;

- Filhos, incluindo os nascituros e adoptados plena ou restritivamente à data do acidente, com qualquer idade, quando afectados de doença física ou mental que os incapacite para o trabalho em percentagem superior a 75%;
- Enteados que estivessem a receber alimentos do sinistrado e de acordo com os requisitos previstos para os filhos;
- Ascendentes (pais, avós, bisavós), desde que o sinistrado contribuísse com regularidade para o seu sustento (mais habitualmente são os pais do sinistrado);
- Outros parentes sucessíveis (netos e seus descendentes, irmãos e seus descendentes e outros colaterais até ao quarto grau), desde que o sinistrado contribuísse com regularidade para o seu sustento, até perfazerem 18 anos de idade, independentemente de frequentarem qualquer grau de ensino, e 22 ou 25 anos de idade, enquanto frequentarem, respectivamente, o ensino secundário ou equiparado ou curso de nível superior (mais habitualmente são os irmãos do sinistrado que vivem com os seus pais);
- Outros parentes sucessíveis, desde que o sinistrado contribuísse com regularidade para o seu sustento, com qualquer idade, quando afectados de doença física ou mental que os incapacite para o trabalho em percentagem superior a 75%.

24. Quem são os titulares do direito às prestações em caso de doença profissional de que resulte a morte?

Se da doença profissional resultar a morte do trabalhador os titulares das prestações são determinados familiares ou equiparados do trabalhador, a saber:
- Cônjuge ou pessoa em união de facto;
- Ex-cônjuge ou cônjuge judicialmente separado à data do acidente e com direito a alimentos;
- Filhos, incluindo os nascituros e adoptados plena ou restritamente, até perfazerem 18 anos de idade, independentemente de frequentarem qualquer grau de ensino, e 22

ou 25 anos de idade, enquanto frequentarem, respectivamente, o ensino secundário ou equiparado ou curso de nível superior;
- Filhos, incluindo os nascituros e adoptados plena ou restritivamente, com qualquer idade, quando afectados de doença física ou mental determinante de situação que legitime a concessão de prestações familiares a deficientes, isto é que os impossibilite de proverem normalmente à sua subsistência pelo exercício de actividade profissional;
- Ascendentes (pais, avós, bisavós) que estivessem a cargo do portador da doença profissional (mais habitualmente são os pais do sinistrado);
- Outros parentes sucessíveis (netos e seus descendentes, irmãos e seus descendentes e outros colaterais até ao quarto grau) que estivessem a cargo do portador da doença profissional, até perfazerem 18 anos de idade, independentemente de frequentarem qualquer grau de ensino, e 22 ou 25 anos de idade, enquanto frequentarem, respectivamente, o ensino secundário ou equiparado ou curso de nível superior (mais habitualmente são os irmãos do sinistrado que vivem com os seus pais);
- Outros parentes sucessíveis que estivessem a cargo do portador da doença profissional, com qualquer idade, quando afectados de doença física ou mental determinante de situação que legitime a concessão de prestações familiares a deficientes, isto é que os impossibilite de proverem normalmente à sua subsistência pelo exercício de actividade profissional.

TIPOS E AVALIAÇÃO DA INCAPACIDADE PARA O TRABALHO

25. Que tipos de incapacidades podem ser atribuídas em caso de acidente de trabalho ou de doença profissional?

Os acidentes de trabalho e as doenças profissionais podem determinar incapacidades temporárias e permanentes para o trabalho.

As incapacidades temporárias podem ser absolutas ou parciais. São habitualmente designadas pelas siglas ITA e ITP, respectivamente.

E as incapacidades permanentes podem ser parciais, absolutas para o trabalho habitual e absolutas para todo e qualquer trabalho. São habitualmente designadas pelas siglas IPP, IPATH e IPA, respectivamente.

26. Como é feita a avaliação da incapacidade resultante de acidente de trabalho e de doença profissional?

O grau de incapacidade define-se por coeficientes expressos em percentagens e determinados em função da natureza e da gravidade da lesão, do estado geral do beneficiário, da sua idade e profissão, bem como da maior ou menor capacidade funcional residual para o exercício de outra profissão compatível e das demais circunstâncias que possam influir na sua capacidade de ganho, sendo expresso pela unidade quando se verifique disfunção total com incapacidade permanente absoluta para todo e qualquer trabalho.

O coeficiente de incapacidade é fixado por aplicação das regras definidas na Tabela Nacional de Incapacidades.

Nesta tabela estão previstas as várias sequelas que podem resultar das lesões que o acidente ou a doença provoquem. A incapacidade que derive de uma sequela não descrita na tabela deve ser avaliada por recurso a uma situação análoga ou equivalente nela prevista.

27. Quando e em que condições são atribuídas as incapacidades temporárias em caso de acidente de trabalho?

Na sequência de um acidente de trabalho, normalmente, é atribuída incapacidade temporária absoluta no início do tratamento médico, a partir do dia seguinte ao do acidente. A situação paradigmática é a de internamento hospitalar ou de imobilização do sinistrado.

De acordo com a evolução do tratamento e à medida que a situação clínica do sinistrado vai melhorando, será atribuída incapacidade temporária parcial, cujo coeficiente ou grau será reduzido gradualmente em função daquela evolução.

A primeira incapacidade temporária parcial deve ser fixada em coeficiente ou grau de pelo menos o dobro do que previsivelmente virá a ser fixado para a incapacidade permanente no final do tratamento. Assim, se por exemplo for previsível que à situação que o sinistrado apresenta virá a corresponder a IPP de 20%, a primeira ITP terá de ser, pelo menos, de 40%.

No entanto, durante o período de tratamento o grau de ITP pode ser aumentado e pode, até, ser atribuída de novo ITA se ocorrer uma recaída ou um agravamento imprevisto. É o que pode suceder, por exemplo, quando tem de ser efectuada uma nova cirurgia.

28. Quando e em que condições são atribuídas as incapacidades temporárias em caso de doença profissional?

A incapacidade temporária absoluta é atribuída a partir do primeiro dia de incapacidade sem prestação de trabalho.

A incapacidade temporária parcial é atribuída a partir da data da redução do trabalho e da correspondente certificação da doença.

29. Quando e em que condições são atribuídas as incapacidades permanentes em caso de acidente de trabalho?

No final do tratamento o sinistrado pode ficar curado sem qualquer sequela de que resulte incapacidade permanente. Neste caso, naturalmente, não será fixada nenhuma incapacidade permanente, sendo atribuída alta ao sinistrado na situação de curado sem desvalorização ou com 0% de incapacidade.

Se quando terminar o tratamento, por as lesões se apresentarem como insusceptíveis de modificação com terapêutica adequada, isto é, sem possibilidade de clinicamente se conseguir a recuperação total ou maior recuperação do que a que se atingiu, estando o sinistrado afectado de incapacidade permanente, será fixada essa incapacidade a partir do dia seguinte ao da alta. O dia em que é atribuída a alta é o que corresponde ao último dia de incapacidade temporária.

30. Qual o prazo máximo pelo qual se pode prolongar a incapacidade temporária?

Para se evitar que se mantenham situações de incapacidade temporária, absoluta ou parcial, por períodos demasiado longos, e visando-se estimular um tratamento mais diligente e célere, a lei prevê que a incapacidade temporária se converte em permanente ao fim de 18 meses, devendo o perito médico que proceda à avaliação do sinistrado no âmbito do processo judicial fixar o respectivo grau de incapacidade. Mas, verificando-se que ao sinistrado está a ser prestado o tratamento clínico necessário, pode o Ministério Público prorrogar aquele prazo até ao máximo de 30 meses, a requerimento da entidade responsável.

31. Quando e em que condições são atribuídas as incapacidades permanentes em caso de doença profissional?

Se for feita a certificação da incapacidade, o que abrange o diagnóstico da doença, a sua caracterização como doença profissional e a graduação da incapacidade, bem como, se for o caso, a declaração da necessidade de assistência permanente de terceira pessoa para efeitos de prestação suplementar, pelo Centro Nacional de Protecção contra os Riscos Profissionais, será devida a pensão correspondente ao tipo e grau de incapacidade permanente, a partir, consoante os casos:
- da data a que se reporta a certificação da respectiva situação;
- do mês seguinte ao do requerimento do beneficiário;
- da data da participação obrigatória do médico, se anterior ao requerimento.

À semelhança do que sucede relativamente aos acidentes de trabalho, as incapacidades temporárias de duração superior a 18 meses consideram-se como permanentes, devendo ser fixado o respectivo grau de incapacidade, salvo parecer clínico em contrário, não podendo, no entanto, aquelas incapacidades ultrapassar os 30 meses.

Aquele parecer clínico pode propor a continuidade da incapacidade temporária até aos 30 meses ou a atribuição de pensão provisória.

32. Quem procede à avaliação das incapacidades?

No âmbito do acidente de trabalho, e tendo a entidade empregadora adequadamente transferida a sua responsabilidade para uma companhia de seguros, conforme está legalmente obrigada, o sinistrado será acompanhado desde a ocorrência do acidente pela respectiva seguradora, ainda que inicialmente possa estar internado num hospital do serviço nacional de saúde, para onde pode ter sido levado em situação de urgência médica.

A seguradora tem o direito de designar o médico assistente do sinistrado. Será, por isso, este médico que atribuirá as incapacidades temporárias ao sinistrado durante o período do tratamento.

Quando terminar o tratamento, o médico assistente deve emitir um boletim de alta, no qual deve indicar a incapacidade permanente e o respectivo grau ou se o sinistrado se encontra curado sem desvalorização.

No âmbito da doença profissional, as incapacidades são atribuídas pelo Centro Nacional de Protecção Contra os Riscos Profissionais (CNPCRP), podendo os médicos dos serviços de saúde atribuir incapacidade temporária com base em diagnóstico presuntivo de doença profissional.

Quer em caso de acidente de trabalho quer de doença profissional, havendo lugar a um processo no tribunal do trabalho, nos termos referidos noutro lugar deste Guia (no Cap. VI), caberá aos peritos médicos que intervêm nesse processo confirmar ou não a avaliação feita pelo médico assistente da seguradora ou pelo CNPCRP.

Quando nenhuma seguradora procedeu ao tratamento nem à avaliação das incapacidades do sinistrado, como acontece quando a entidade empregadora não tinha efectuado o seguro de acidentes de trabalho ou quando a seguradora considerou que o mesmo não abrangia o sinistrado, a avaliação de todas as incapacidades, temporárias e permanente, terá necessariamente de ser feita pelos peritos médicos no âmbito do processo judicial.

Em qualquer caso, a fixação das incapacidades será feita por decisão do tribunal, tomando, naturalmente, em consideração todos os pareceres médicos constantes do processo.

REPARAÇÃO DOS DANOS

33. A violação das condições de segurança pelo trabalhador sinistrado pode excluir o direito à reparação pelo acidente de trabalho?

Exclui o direito à reparação o acidente que:
1.º for dolosamente provocado pelo sinistrado;
2.º provier de seu acto ou omissão, que importe violação, sem causa justificativa, das condições de segurança estabelecidas pela entidade empregadora ou previstas na lei.

A primeira situação referida será extremamente rara, dado que na mesma só cabem os casos de acidentes praticados com dolo, isto é, propositada ou intencionalmente provocados pelo sinistrado. Trata-se de casos em que o sinistrado inflige ferimentos a si próprio de forma voluntária e consciente, através de uma pancada ou de um corte num dedo, por exemplo.

Quanto à segunda exclusão, a lei considera existir causa justificativa da violação das condições de segurança se o acidente de trabalho resultar de incumprimento de norma legal ou estabelecida pela entidade empregadora da qual o trabalhador, face ao seu grau de instrução ou de acesso à informação, dificilmente teria conhecimento ou, tendo-o, lhe fosse manifestamente difícil entendê-la. Portanto, será necessário que o sinistrado conheça e tenha compreendido as condições de segurança, pelo que a entidade empregadora deverá ter facultado a informação actualizada, e se necessário a formação adequada, ao sinistrado sobre as mesmas.

Assim, por exemplo, não haverá lugar a reparação se o sinistrado tinha recebido informação e ordens para usar um determinado equipamento de protecção (capacete ou óculos de protecção) contra eventuais danos resultantes de um acidente e o mesmo se recusou a fazê-lo.

34. Outro tipo de comportamentos do trabalhador, mesmo que não envolvam a violação de regras de segurança, podem excluir o direito à reparação pelo acidente de trabalho?

Não confere direito à reparação o acidente que provier exclusivamente de negligência grosseira do sinistrado. E entende-se por negligência grosseira o comportamento temerário em alto e relevante grau, que não se consubstancie em acto ou omissão resultante da habitualidade ao perigo do trabalho executado, da confiança na experiência profissional ou dos usos e costumes da profissão.

Trata-se, assim, de um comportamento temerário ou reprovado por um elementar sentido de prudência que, também, se pode designar como uma falta grave e indesculpável. Por isso, não basta qualquer actuação negligente, como a simples imprudência ou a irreflexão, devendo essa atitude resultar de culpa grave. Esse comportamento deve ser avaliado em concreto, considerando as circunstâncias de cada caso em particular.

Será, por exemplo, o caso de o sinistrado efectuar uma ultrapassagem de um veículo que seguia à frente daquele que ele conduzia quando em sentido contrário circulavam outros veículos em fila contínua e o local era uma recta com boa visibilidade, tendo o veículo conduzido pelo sinistrado embatido num que circulava em sentido contrário devido a essa manobra de ultrapassagem executada pelo sinistrado.

Para que seja excluída a reparação, a ocorrência do acidente tem de resultar exclusivamente da negligência grosseira do sinistrado, sendo a conduta da vítima a sua causa única, ou seja não pode haver concorrência de culpas da entidade empregadora ou de terceiros.

Também não conferem direito a reparação as incapacidades judicialmente reconhecidas como consequência de injustificada recusa ou falta de observância das prescrições clínicas ou cirúrgicas do médico assistente designado pela seguradora ou como tendo sido voluntariamente provocadas, na medida em que resultem de tal comportamento.

35. Que outro tipo de situações podem excluir o direito à reparação pelo acidente de trabalho?

Não confere, também, direito a reparação o acidente de trabalho que:
1.º resultar da privação permanente ou acidental do uso da razão do sinistrado, nos termos da lei civil, salvo se tal privação derivar da própria prestação do trabalho, for independente da vontade do sinistrado ou se a entidade empregadora ou o seu representante, conhecendo o estado do sinistrado, consentir na prestação;
2.º provier de caso de força maior, sendo que só se considera caso de força maior o que, sendo devido a forças inevitáveis da natureza, independentes de intervenção humana, não constitua risco criado pelas condições de trabalho nem se produza ao executar serviço expressamente ordenado pela entidade empregadora em condições de perigo evidente.

Da primeira situação pode referir-se como exemplo o caso típico da embriaguez. Assim, desde que a entidade responsável prove que o acidente resultou do facto de o sinistrado estar embriagado, não haverá lugar ao direito à reparação. Mas, caso a entidade empregadora ou o seu representante tenham conhecimento desse estado do sinistrado e permitam que o sinistrado preste o seu trabalho nessas condições, o direito à reparação já se mantém.

Como caso de força maior, pode referir-se a situação em que um sinistrado é atingido por uma telha que caiu de um telhado e foi projectada pelo ar devido a uma rajada de vento ciclónico.

36. Quem tem de provar os factos que excluem o direito à reparação pelo acidente de trabalho?

O acidente ocorrido no tempo e no local de trabalho ou nas demais circunstâncias em que a lei considera que um acidente é de trabalho por o sinistrado estar sujeito ao controlo e autoridade da entidade empregadora, confere, por princípio, direito à indemnização legalmente prevista.

Caso a entidade responsável entenda que se verifica uma situação de exclusão da reparação recai sobre ela o ónus da prova, isto é, tem de ser ela a fazer prova da verificação dos respectivos factos.

37. Que danos patrimoniais resultantes de acidente de trabalho e de doença profissional são indemnizáveis?

Genericamente, pode-se dizer que o dano que a lei considera indemnizável é a lesão corporal, perturbação funcional ou doença de que resulte redução na capacidade de trabalho ou de ganho ou a morte. Assim, para que haja lugar à reparação, é necessário que o acidente de trabalho ou a doença profissional provoquem prejuízos no corpo ou na saúde, da carácter físico ou psíquico, os quais causem incapacidade para o trabalho ou a morte.

Quando o evento infortunístico produz a morte, tutela-se o dano que consiste na perda de rendimentos de que determinados familiares do trabalhador beneficiavam e relativamente ao qual se encontravam em situação de, real ou suposta, dependência económica.

38. O que é, assim, objecto de reparação?

O que é objecto de reparação é, por isso, a capacidade produtiva do trabalhador, a qual fica reduzida por virtude da incapacidade ou se extingue se ocorrer a morte, e não propriamente o direito à vida ou a integridade física.

Assim, em princípio, só são indemnizáveis os danos patrimoniais que sejam corporais e que afectem a capacidade produtiva que o trabalhador detinha antes do evento danoso.

Todavia, a lei considera, ainda, como indemnizáveis os danos causados em aparelhos de prótese, ortótese ou ortopedia de que o sinistrado já era portador antes do acidente. Trata-se dos aparelhos destinados à correcção ou compensação visual, auditiva ou outra, bem como a prótese dentária.

Assim, ficam a cargo da entidade responsável pelas consequências do acidente as despesas necessárias à renovação ou reparação do aparelho. Acresce que, há lugar, se for caso disso, a pagamento de indemnização pela incapacidade temporária daí resultante, ou seja, à correspondente ao período de tempo em que o aparelho não pôde ser utilizado.

Importa, ainda, ter em conta que também confere direito à reparação a lesão ou doença que se manifeste durante o tratamento de lesão ou doença resultante de um acidente de trabalho e que seja consequência de tal tratamento.

39. Que danos patrimoniais não são indemnizáveis?

Não são objecto de indemnização quaisquer outros prejuízos patrimoniais que resultem do acidente, pelo que não é devida a reparação pela danificação ou destruição de bens do trabalhador que se verifiquem devido ao acidente, como, por exemplo, o vestuário, um relógio ou um veículo.

40. São indemnizáveis os danos não patrimoniais?

Caso o acidente não ocorra devido a actuação culposa da entidade empregadora, resultando o mesmo do risco próprio e normal da actividade laboral, só são indemnizáveis os danos patrimoniais corporais que tenham reflexos na capacidade de trabalho ou de ganho, conforme se disse anteriormente.

No entanto, se o acidente for provocado pela entidade empregadora ou seu representante ou resultar da violação de regras de segurança no trabalho por parte daqueles, para além de o valor das indemnizações e pensões ser agravado, conforme já se referiu noutro momento, podem ser objecto de indemnização os danos não patrimoniais (ou morais), que pela sua gravidade, mereçam a tutela do direito, nos termos previstos na lei geral para a responsabilidade civil por factos ilícitos (designadamente, sofrimento psicológico, angústia, depressão).

Havendo lugar à indemnização dos danos não patrimoniais, a mesma é da responsabilidade do empregador e não da seguradora.

41. Caso o acidente seja causado por terceiros, a eventual obrigação destes de indemnizarem o sinistrado exclui o direito à reparação pelo acidente de trabalho?

Quando, por exemplo, o acidente de trabalho, seja ou não de trajecto, consista num acidente de viação de que seja responsável um terceiro, a eventual obrigação de indemnização por parte deste ou da respectiva companhia de seguros pelas consequências do acidente de viação não exclui a responsabilidade pelo acidente de trabalho. O mesmo sucede sempre que o acidente resulte de um facto ilícito e culposo de terceiro que confira direito a indemnização simultaneamente com a do acidente de trabalho (por exemplo, se o sinistrado foi vítima de uma agressão por um colega de trabalho).

42. Nessa situação, podem-se receber duas indemnizações?

O sinistrado ou os beneficiários seus familiares, se do acidente resultar a morte daquele, não podem receber duas indemnizações pelos mesmos danos. Assim, a entidade responsável pelo pagamento da indemnização devida pelo acidente de trabalho pode obter a sua desoneração ou exclusão da responsabilização até ao montante que o sinistrado ou os seus familiares recebam efectivamente do terceiro responsável pelo acidente ou da sua seguradora.

Dado que a indemnização paga pelo terceiro pode, como habitualmente sucederá, incluir outros danos, patrimoniais e não patrimoniais, para além dos que são abrangidos pelo regime de reparação do acidente de trabalho (este cobre, apenas, conforme se viu, os danos patrimoniais de que resulte perda ou redução da capacidade de trabalho ou de ganho), aquela desoneração é limitada à indemnização recebida pelos mesmos danos. Por isso, na decisão judicial ou no acordo extra-judicial em que seja fixada a indemnização devida nos termos da lei geral pelo terceiro devem ser discriminados os vários valores e os respectivos danos a que respeitam.

43. Quem declara essa desoneração e o montante da mesma?

A eventual desoneração da responsável pela reparação do acidente de trabalho tem de ser declarada pelo tribunal do trabalho, a pedido da entidade responsável, no respectivo processo judicial.

Assim, tendo o sinistrado ou os beneficiários legais direito ao pagamento de uma pensão anual em virtude do acidente de trabalho e tendo os mesmos recebido uma indemnização do terceiro responsável pelo acidente (paga directamente por este ou pela sua seguradora), será decretada pelo tribunal do trabalho a suspensão do pagamento da pensão até à data em que o valor vencido da pensão atinja o montante recebido da indemnização. O pagamento da pensão recomeça a partir dessa data.

Se a reparação pelo acidente de trabalho for feita através do pagamento do capital de remição, será feita a dedução do valor da indemnização ao do capital de remição, sendo este superior àquele. Se o montante do capital de remição for inferior ao da indemnização paga pelo terceiro responsável não é devido o capital de remição.

44. Pode haver exclusão da responsabilidade se o sinistrado apresentava antes do acidente predisposição ou propensão para sofrer uma determinada lesão ou doença?

A predisposição patológica do sinistrado num acidente não exclui o direito à reparação integral, salvo quando tiver sido ocultada pelo mesmo. Com efeito, as sequelas resultantes de um acidente de trabalho que desencadeie a lesão ou doença que deriva dessa predisposição são integralmente indemnizáveis dado que a lesão ou doença se manifestou porque ocorreu o acidente de trabalho, sendo este a causa próxima da produção das sequelas.

Será o caso, por exemplo, quando um trabalhador que sofre de osteoporose (fragilidade dos ossos devido à falta de cálcio) é vitima de uma pequena pancada ou queda que lhe provoca uma fractura óssea, consequência que, em princípio, não ocorreria num trabalhador que não apresentasse aquela predisposição. Ora, para efeitos da reparação, a predisposição patológica é irrelevante, a menos que tenha sido ocultada pelo sinistrado.

45. Como se avalia a incapacidade e se procede à reparação se o acidente de trabalho agrava lesão ou doença anterior?

Se o sinistrado já sofria de lesão ou doença anteriormente à ocorrência do acidente de trabalho pode suceder que essa lesão ou doença seja agravada pelo acidente ou que a lesão ou doença que seja consequência do acidente seja agravada por aquelas. Nesta situação, a avaliação do sinistrado deve ser efectuada como se tudo resultasse do acidente, pelo que será considerada a incapacidade global que o sinistrado apresenta depois do acidente, sem que seja permitido tentar fazer a distinção entre a desvalorização que supostamente já existiria e a que seria decorrente do acidente. O sinistrado tem, por isso, direito à reparação da incapacidade total que corresponda às sequelas que apresenta depois do acidente.

Será, por exemplo, o que se pode verificar se o sinistrado sofre uma fractura óssea em consequência do acidente de trabalho, tendo já anteriormente tido uma fractura no mesmo sítio.

Só assim não será se a lesão ou doença anterior tiver resultado de um acidente de trabalho, o qual tenha produzido incapacidade permanente que tenha sido avaliada e fixada. Nesta hipótese, a reparação será apenas a correspondente à diferença entre a incapacidade anterior e a que for calculada como se tudo fosse imputado ao acidente.

46. Que consequências podem resultar do acidente de trabalho para a relação de trabalho quanto à sua manutenção e quanto ao pagamento e valor da retribuição durante o período de incapacidade temporária?

Durante os períodos de incapacidade temporária para o trabalho o sinistrado encontra-se na situação de faltas justificadas por motivo de acidente, as quais determinam perda de retribuição. Assim, em princípio, o sinistrado apenas recebe a indemnização devida pela incapacidade temporária, que normalmente será paga pela seguradora.

No entanto, durante o período de incapacidade temporária parcial de 50% ou inferior, as entidades empregadoras que empreguem pelo menos 10 trabalhadores devem ocupar os sinistrados, em funções e condições de trabalho compatíveis com o respectivo estado. Nesta situação, o sinistrado tem direito a receber da entidade empregadora a retribuição correspondente à percentagem da sua capacidade para o trabalho, continuando a receber a indemnização devida pelo grau de incapacidade temporária parcial pela seguradora.

47. Qual o valor da indemnização por despedimento sem justa causa durante o período de incapacidade temporária?

O despedimento sem justa causa do sinistrado durante o período em que se encontra em situação de incapacidade temporária confere ao trabalhador, que opte pela indemnização de antiguidade em substituição da reintegração, o direito a uma indemnização igual ao dobro da que seria normalmente devida pelo despedimento sem justa causa.

48. Que consequências podem resultar do acidente de trabalho para a continuidade da relação de trabalho depois da fixação da incapacidade permanente?

Se vier a ser atribuída incapacidade permanente ao sinistrado, tal facto não tem, em princípio, nenhuma influência na manutenção e no desenvolvimento da relação de trabalho. Assim, o sinistrado deverá retomar a sua actividade na empresa e continuará a desempenhar as suas funções no âmbito da mesma categoria profissional e posto de trabalho.

No entanto, se do acidente advier uma Incapacidade Permanente Absoluta para todo e qualquer trabalho (IPA) o contrato de trabalho cessará por caducidade, devido à impossibilidade superveniente, absoluta e definitiva de o trabalhador continuar a prestar o seu trabalho ao empregador, o que também pode suceder se não for possível, nos casos de Incapacidade Permanente Absoluta para o Trabalho Habitual (IPATH), a sua reclassificação profissional.

49. Sendo fixada uma incapacidade permanente ao sinistrado, a entidade empregadora pode reduzir a sua retribuição?

Mantendo-se a relação laboral, a entidade empregadora deve continuar a pagar ao sinistrado a retribuição devida na íntegra, sem que possa fazer qualquer dedução na mesma. Ou seja, o facto de o sinistrado receber a pensão devida pelo acidente de trabalho ou o capital de remição correspondente não permite à entidade patronal efectuar qualquer desconto na retribuição.

50. Quem deve pagar ao sinistrado a retribuição do dia do acidente?

O sinistrado tem direito a receber a retribuição do dia em que ocorre o acidente, a qual deve ser paga na íntegra, independentemente do tempo de trabalho desse dia, e a mesma é da responsabilidade da entidade empregadora.

E é assim porque, por um lado, no dia e momento do acidente o sinistrado estava a prestar trabalho que tem de ser remunerado e, por outro, a indemnização por incapacidade temporária, em princípio paga pela seguradora, só começa a ser devida no dia seguinte ao do acidente. Ora, não podendo haver um período de tempo em que o sinistrado não receba nem a retribuição pela entidade empregadora nem a indemnização por incapacidade temporária pela seguradora, e só se vencendo a indemnização por incapacidade temporária no dia seguinte ao do acidente, a retribuição total correspondente ao dia em que ocorre o acidente tem de ser da responsabilidade do empregador.

TIPOS E MONTANTES DAS PRESTAÇÕES

51. Quem deve assegurar os primeiros socorros ao sinistrado?

As entidades empregadoras ou quem as represente na direcção ou fiscalização do trabalho devem, logo que tenham conhecimento do acidente, assegurar os imediatos e indispensáveis socorros médicos e farmacêuticos ao sinistrado, bem como o transporte mais adequado para tais efeitos.

E esses transporte e socorros são prestados independentemente de qualquer apreciação das condições legais de reparação, ou seja, os primeiros socorros são sempre devidos mesmo que, posteriormente, seja questionado o direito à reparação por se verificar, por exemplo, uma causa de exclusão da responsabilidade.

Essa obrigação recai, naturalmente, sobre a entidade empregadora, dado que a urgência que essas prestações exigem não permite uma intervenção em devido tempo da seguradora

52. Que prestações em espécie são devidas em consequência de acidente de trabalho?

O direito à reparação em espécie abrange as prestações de natureza médica, cirúrgica, farmacêutica, hospitalar e quaisquer outras, seja qual for a sua forma, desde que necessárias e adequadas ao restabelecimento do estado de saúde e da capacidade de trabalho ou de ganho do sinistrado e à sua recuperação para a vida activa.

Essas prestações revestem as seguintes modalidades:
a) Assistência médica e cirúrgica, geral ou especializada, incluindo todos os necessários elementos de diagnóstico e de tratamento, a qual inclui a assistência psíquica, quando reconhecida como necessária pelo médico assistente ou pelo tribunal
b) Assistência farmacêutica;
c) Enfermagem;
d) Hospitalização e tratamentos termais;
e) Hospedagem;
f) Transportes para observação, tratamento ou comparência a actos judiciais;
g) Fornecimento de aparelhos de prótese, ortótese e ortopedia, sua renovação e reparação;
h) Reabilitação funcional.

Importa, ainda, realçar que também são reembolsadas ao sinistrado ou aos familiares beneficiários, no caso de acidente mortal, as despesas de transportes efectuadas no âmbito do processo judicial, abrangendo as deslocações a actos judiciais ou a exames determinados pelo tribunal para observação.

53. Que transportes podem ser utilizados?

Os transportes que os sinistrados por direito devem utilizar são os colectivos, salvo não os havendo ou se outros forem mais indicados pela urgência do tratamento, por determinação do médico assistente ou por outras razões ponderosas atendíveis. Em certos casos, dependendo das circunstâncias concretas, pode por indicação do médico assistente ser autorizado o recurso ao transporte de táxi ou, após acordo entre o sinistrado e a seguradora, ser utilizado veículo próprio do sinistrado, sendo o mesmo reembolsado das despesas mediante valor atribuído por quilómetro.

54. Que prestações em espécie são devidas em consequência de doença profissional?

As prestações em espécie devidas em consequência de doença profissional são essencialmente idênticas às previstas para os acidentes de trabalho. No entanto, em matéria de doenças profissionais, as prestações são, fundamentalmente, asseguradas através de reembolsos das respectivas despesas enquanto que, nas situações de acidente de trabalho, as mesmas são, de um modo geral, fornecidas em espécie pela seguradora.

55. Qual o valor da retribuição que serve de base ao cálculo das indemnizações e das pensões por acidente de trabalho?

Deve ser considerado o valor ilíquido ou bruto da retribuição, ou seja, antes de serem efectuados os descontos legalmente previstos, relativos a IRS e às quotizações para a Segurança Social.

As indemnizações por incapacidade temporária absoluta ou parcial serão calculadas com base na retribuição diária, ou na 30.ª parte da retribuição mensal ilíquida, auferida à data do acidente, quando esta represente a retribuição normalmente recebida pelo sinistrado.

As pensões por morte e por incapacidade permanente, absoluta ou parcial, serão calculadas com base na retribuição anual ilíquida normalmente recebida pelo sinistrado.

Devem, por isso, ser tidas em consideração dois tipos de retribuição, a mensal e a anual.

Deve, em primeiro lugar, ser apurada a retribuição ilíquida mensal que o sinistrado recebia à data do acidente, se essa representar a retribuição normalmente auferida pelo sinistrado.

Entende-se por retribuição mensal tudo o que a lei (o Código do Trabalho) considera como seu elemento integrante e todas as prestações recebidas mensalmente que revistam carácter de regularidade e não se destinem a compensar o sinistrado por custos aleatórios. Estes últimos serão os que digam respeito a reembolsos de despesas efectuadas pelo trabalhador ao serviço do empregador, especialmente com deslocações, alimentação e alojamento.

Assim, integram a retribuição as prestações mensais com carácter fixo, ou seja, a remuneração-base e outras prestações acessórias ou complementares como, por exemplo, diuturnidades, subsídio de turno, retribuição por isenção de horário e por trabalho nocturno, subsídio de transporte e prémios de produtividade e de assiduidade.

Também integra a retribuição o subsídio de alimentação ou o valor pecuniário da alimentação fornecida em espécie pela entidade empregadora. Esta prestação pode ter carácter mensal ou diário. Sendo atribuído um montante por dia, o valor mensal a considerar será o que corresponda aos dias de trabalho, sendo habitualmente tido em conta o mês-padrão de 22 dias úteis.

Se a retribuição da data do acidente não era a normal porque o sinistrado recebia prestações de valor variável, com carácter de regularidade, deve ser obtido o valor da retribuição média mensal, tomando como referência o período dos 12 meses anteriores ao mês do acidente ou o tempo durante o qual já durava a relação de trabalho, se esta não vigorava ainda há 12 meses.

A situação mais comum é a da retribuição mensal variável de trabalho suplementar. Neste caso, deve apurar-se o resultado da soma de todos os valores recebidos nesse período de 12 meses e o produto dessa soma ser dividido por 12, de modo a obter-se a média mensal.

Por sua vez, entende-se por retribuição anual o produto de 12 vezes a retribuição mensal acrescida dos subsídios de Natal e de férias e outras remunerações anuais a que o sinistrado tenha direito com carácter de regularidade.

No entanto, também deve ser considerado o valor dos subsídios de férias e de Natal no cálculo das indemnizações que ultrapassem 15 dias, devendo ser paga a parte proporcional desses subsídios no período da incapacidade temporária.

56. Como se apura o valor da retribuição nas situações mais comuns?

Na situação mais simples em o sinistrado aufira apenas remuneração-base, sem qualquer prestação complementar, o valor da retribuição anual será o correspondente a essa remuneração-base multiplicada por 14 e a retribuição diária será obtida dividindo a retribuição anual por 12 meses e esta por 30 dias (ou dividindo a retribuição anual directamente por 360 dias).

Caso o sinistrado receba outras prestações complementares com valor mensal fixo, como por exemplo, subsídio de alimentação, a retribuição anual será calculada com o valor mensal dessa prestação multiplicado por 11 (se esta só for devida nos meses de trabalho, não sendo incluída na retribuição de férias, de subsídio de férias e subsídio de Natal).

57. Quem tem de fazer a prova quanto à retribuição?

Em caso de litígio quanto à retribuição que o sinistrado recebia, recai sobre o sinistrado ou os beneficiários legais a obrigação de provar o que era pago ao sinistrado.

A lei prevê que se presume constituir retribuição toda e qualquer prestação do empregador ao trabalhador, pelo que se estabelece uma presunção em favor do sinistrado. Assim, em caso de divergência quanto a considerar-se ser ou não retribuição uma determinada prestação paga ao sinistrado, apurado o que o sinistrado recebia, caberá à entidade responsável fazer a prova de que essa prestação não integra a retribuição.

58. Qual o valor da retribuição que serve de base ao cálculo das indemnizações e das pensões por doença profissional?

A remuneração de referência a considerar no cálculo das indemnizações e pensões consiste na retribuição auferida pelo beneficiário no ano anterior à cessação da exposição ao risco, ou à data da certificação da doença que determine incapacidade, se esta preceder aquela.

E considera-se ano anterior o período dos 12 meses que antecedem imediatamente o mês de referência (o da cessação da exposição ao risco ou o da data da certificação da doença).

Entende-se por retribuição todas as atribuições pecuniárias recebidas mensalmente que a lei considere seu elemento integrante e sejam base de incidência contributiva para a segurança social. Assim, diferentemente do que sucede em matéria de acidentes de trabalho, não se consideram as prestações remuneratórias relativamente às quais não sejam devidas legalmente contribuições para a Segurança Social. Assim, por exemplo, não integra a retribuição a parte do subsídio de alimentação isenta de contribuições.

Para a determinação da remuneração de referência considera-se como retribuição anual, o produto de 12 vezes a retribuição mensal acrescida dos subsídios de Natal e de férias e outras retribuições anuais a que o trabalhador tenha direito com carácter de regularidade e como retribuição diária, a que se obtém pela divisão da retribuição anual pelo número de dias com registo de remunerações.

59. Qual o valor da retribuição que serve de base ao cálculo das prestações por acidente de trabalho e por doença profissional, sendo o trabalhador praticante, aprendiz ou estagiário?

Se o trabalhador for praticante, aprendiz ou estagiário, deve atender-se à retribuição anual média ilíquida de um trabalhador da mesma empresa ou empresa similar e categoria profissional correspondente à formação, aprendizagem ou estágio. Por isso, deve-se apurar qual a retribuição média que é auferida pelos trabalhadores com a categoria profissional para a qual a vítima do acidente ou da doença estava a fazer a formação, aprendizagem ou estágio, em princípio, na empresa onde trabalhava ou noutra do mesmo sector de actividade e similar, se necessário.

Esse apuramento pode fazer-se através dos necessários elementos de informação a prestar pela entidade empregadora.

A entidade empregadora deve indicar nas folhas de retribuição mensal que deve remeter à seguradora os praticantes, aprendizes e estagiários. Caso se mostre necessário, tal averiguação pode ser efectuada pela Autoridade para as Condições de Trabalho (antiga Inspecção-Geral do Trabalho), no empregador ou em empresa similar por determinação do tribunal do trabalho no âmbito do processo judicial.

60. Qual o valor da retribuição que serve de base ao cálculo das prestações por acidente de trabalho se o trabalhador prestar o trabalho a tempo parcial?

O cálculo das prestações para trabalhadores a tempo parcial tem como base a retribuição que aufeririam se trabalhassem a tempo inteiro. Por isso, a reparação deverá ser feita como se o sinistrado trabalhasse a tempo inteiro e com base no valor da retribuição que seria devida pelo trabalho a tempo integral.

Nesses casos a retribuição que o sinistrado auferia em função do número de horas em que trabalhava deve ser ampliada para o valor que corresponde ao período de trabalho a tempo completo.

Assim, para se obter o valor dessa retribuição, habitualmente apura-se o valor da retribuição por hora que o sinistrado recebia e calcula-se a retribuição correspondente ao trabalho a tempo inteiro, de acordo com o período normal de trabalho.

Um dos sectores de actividade onde é frequente o trabalho ser prestado a tempo parcial é o da prestação de serviços de limpeza. Também o trabalho de serviço doméstico é muito frequentemente realizado a tempo parcial.

Tipos e Montantes das Prestações

61. Qual o valor mínimo da retribuição a considerar?

Quer no caso de acidente de trabalho quer no de doença profissional, a retribuição não pode ser inferior à que resulte da lei ou de instrumento de regulamentação colectiva de trabalho. A lei é a que fixa, normalmente em cada ano, o valor da remuneração mínima mensal garantida, sendo a que está em vigor desde 01-01-2009 de € 450,00 (em 2008 foi de € 426,00).

Todavia, como sucede habitualmente, por força de um instrumento de regulamentação colectiva de trabalho (contrato colectivo de trabalho, acordo de empresa ou outro), o trabalhador pode ter direito a retribuição superior ao mínimo legal, de acordo com a tabela salarial que integra o instrumento de regulamentação colectiva de trabalho. Assim, mesmo que o trabalhador estivesse a receber retribuição de valor inferior à que lhe era devida, é a esta que se deve atender e não à que de facto recebia, indevidamente. Haverá, por isso, que ser averiguada e considerada a retribuição que legalmente devia estar a auferir.

Deve-se, ainda, ter em conta que algumas prestações remuneratórias são devidas aos trabalhadores por força do instrumento de regulamentação colectiva de trabalho (ou do seu contrato individual de trabalho), não estando as mesmas previstas na lei. É o que sucede com o subsídio de alimentação.

62. Qual o montante da indemnização por incapacidade temporária absoluta e parcial devida em caso de acidente de trabalho?

As indemnizações por incapacidade temporária têm carácter diário e são pagas em relação a todos os dias, incluindo os de descanso e feriados, sendo devidas enquanto o sinistrado estiver em regime de tratamento ambulatório ou de reabilitação profissional.

A indemnização diária devida por incapacidade temporária absoluta é igual a 70% da retribuição.

Assim, e a título de exemplo, se o sinistrado auferir a retribuição mensal de € 900,00, acrescida de igual valor de subsídios de férias e de Natal, e se o período de incapacidade temporária absoluta for de 120 dias, a indemnização diária será de € 24,50 e a devida pela totalidade da ITA será de € 2 940,00 (€ 900,00 X 14 : 360 dias X 70% = € 24,50 X 120 dias).

No entanto, a indemnização será reduzida a 45% durante o período de internamento hospitalar ou durante o tempo em que correrem por conta da entidade empregadora ou seguradora as despesas com assistência clínica e alimentos do sinistrado, se este for solteiro, não viver em união de facto ou não tiver filhos ou outras pessoas a seu cargo.

A indemnização diária devida por incapacidade temporária parcial é igual a 70% da redução sofrida na capacidade geral de ganho. Assim, o valor diário obtém-se multiplicando o montante da indemnização diária correspondente à ITA pelo grau de desvalorização da ITP. Dando sequência ao exemplo anterior, a ITP de 50% pelo período de 90 dias dava lugar à indemnização de € 1 102,50 (€ 24,50 X 50% X 90 dias).

63. Qual o montante da indemnização por incapacidade temporária absoluta e parcial devida em caso de doença profissional?

O montante diário da indemnização por incapacidade temporária absoluta é igual a 70% do valor da remuneração de referência, nos primeiros 12 meses de incapacidade, e de 75%, no período subsequente.

A indemnização é reduzida a 45% durante o período de internamento hospitalar, se o beneficiário for solteiro, não viver em união de facto ou não tiver filhos ou outras pessoas a seu cargo.

O montante diário da indemnização por incapacidade temporária parcial é de 70% do valor correspondente à redução sofrida na capacidade geral de ganho.

64. Como são fixadas e pagas as pensões por acidente de trabalho?

As pensões respeitantes a incapacidade permanente e por morte são fixadas em montante anual.

As pensões anuais são pagas, adiantada e mensalmente, até ao 3.º dia de cada mês, correspondendo cada prestação a 1/14 da pensão anual. E os subsídios de férias e de Natal, no valor de 1/14 cada da pensão anual, são, respectivamente, pagos nos meses de Maio e de Novembro.

Pelo que, o valor anual da pensão deve ser dividido por 14 e em cada mês do ano é paga uma dessas prestações, com excepção dos meses de Maio e de Novembro, em que são pagas duas prestações (subsídios de férias e de Natal).

65. Como são fixadas e pagas as pensões por doença profissional?

As pensões por incapacidade permanente para o trabalho, as pensões por morte e a pensão provisória são fixadas em montante mensal, o qual é devido em cada um dos doze meses do ano.

Relativamente a essas pensões são devidas prestações adicionais de montante igual ao das pensões respeitantes aos meses de Julho e Dezembro.

66. Qual o montante da pensão por incapacidade permanente absoluta para todo e qualquer trabalho devida em caso de acidente de trabalho?

Na incapacidade permanente absoluta para todo e qualquer trabalho a pensão anual e vitalícia é igual a 80% da retribuição, acrescida de 10% por cada familiar a cargo, até ao limite do valor total da retribuição.

Considera-se familiar a cargo do sinistrado, desde que com ele viva em comunhão de mesa e habitação:

a) Os descendentes solteiros;

b) Os descendentes casados, bem como os separados de pessoas e bens, divorciados e viúvos, com rendimentos mensais inferiores ao dobro da pensão social ou ao valor desta, respectivamente;

c) Os ascendentes com rendimentos mensais inferiores ao valor da pensão social ou ao dobro deste valor, tratando-se de casal.

São equiparados a descendentes do sinistrado:

a) Os enteados;
b) Os tutelados;
c) Os adoptados restritamente;
d) Os menores que, mediante confiança judicial ou administrativa, se encontrem a seu cargo com vista a futura adopção;
e) Os menores que lhe estejam confiados por decisão dos tribunais ou de entidades ou serviços legalmente competentes para o efeito.

São equiparados a ascendentes do sinistrado:

a) Os padrastos e madrastas;
b) Os adoptantes restritivamente;
c) Os afins compreendidos na linha recta ascendente.

67. Qual o montante da pensão por incapacidade permanente absoluta para todo e qualquer trabalho devida em caso de doença profissional?

Na incapacidade permanente absoluta para todo e qualquer trabalho o montante da pensão mensal é igual a 80% da remuneração de referência acrescida de 10% por cada familiar a cargo, com o limite de 100% da referida remuneração. Os familiares a cargo são os que preencham os requisitos para assim serem considerados no âmbito da protecção da eventualidade morte do regime geral da Segurança Social.

68. Qual o montante da pensão por incapacidade permanente absoluta para o trabalho habitual devida em caso de acidente de trabalho?

Na incapacidade permanente absoluta para o trabalho habitual o valor da pensão anual e vitalícia é compreendido entre 50% e 70% da retribuição, conforme a maior ou menor capacidade funcional residual para o exercício de outra profissão compatível. Assim, na prática, quando é atribuída a incapacidade permanente absoluta para o trabalho habitual é, também e por regra, fixada a incapacidade permanente parcial para o trabalho em geral, sendo o cálculo da pensão efectuado tendo em conta a IPATH e a IPP associada àquela.

69. Qual o montante da pensão por incapacidade permanente absoluta para o trabalho habitual devida em caso de doença profissional?

Na incapacidade permanente absoluta para o trabalho habitual o montante da pensão mensal é fixado entre 50% e 70% da remuneração de referência, conforme a maior ou menor capacidade funcional residual para o exercício de outra profissão compatível.

70. Como se efectua a reparação da incapacidade permanente parcial resultante de acidente de trabalho?

Na incapacidade permanente parcial igual ou superior a 30% a pensão anual e vitalícia correspondente a 70% da redução sofrida na capacidade geral de ganho.

Na incapacidade permanente parcial inferior a 30% é devido um capital de remição de uma pensão anual e vitalícia correspondente a 70% da redução sofrida na capacidade geral de ganho.

Ou seja, em ambas as situações, é calculada a pensão de acordo com a retribuição anual e com a IPP. A pensão será, assim apurada multiplicando 70% da retribuição anual pelo grau de desvalorização (RA x 70% x IPP). Todavia, quando a IPP é igual ou superior a 30% a pensão tem carácter vitalício, mas se a IPP é inferior a 30% a pensão deve ser convertida num capital que corresponde ao montante total da pensão que o sinistrado receberia se a mesma lhe fosse paga vitaliciamente, de acordo com a sua idade e a esperança média de vida, o qual é pago de uma só vez.

O capital de remição é calculado com base na pensão anual e na taxa que corresponde à idade do sinistrado, constante de uma tabela aprovada legalmente (Portaria 11/2000, de 13-01).

71. São obrigatoriamente remíveis as pensões devidas por incapacidade permanente igual ou superior a 30%?

Consta, ainda, da lei que são obrigatoriamente remidas as pensões vitalícias que não sejam superiores a seis vezes a remuneração mínima mensal garantida mais elevada à data da fixação da pensão (que a lei qualifica como sendo de reduzido montante), pelo que a pensão de valor igual ou inferior ao sêxtuplo da remuneração mínima mensal garantida, deve ser paga sob a forma de capital de remição, mesmo que a IPP seja de grau igual ou superior a 30%.

Todavia, tem vindo a entender-se que essa obrigatoriedade da remição não poderá ocorrer contra a vontade do sinistrado, sendo inconstitucional a interpretação da lei de que resulte a imposição da remição da pensão ao sinistrado. Assim, ao sinistrado será permitido, nesses casos, optar por receber o capital de remição de imediato ou a pensão de forma vitalícia.

72. São facultativamente remíveis as pensões devidas por incapacidade permanente igual ou superior a 30%?

A pensão anual e vitalícia correspondente a incapacidade permanente igual ou superior a 30% pode ser parcialmente remida a pedido do sinistrado desde que se verifiquem cumulativamente os seguintes requisitos:

Tipos e Montantes das Prestações

- a pensão sobrante não seja inferior a seis vezes o valor da remuneração mínima mensal garantida mais elevada (€ 2 700,00 em 2009);
- o capital de remição não pode ser superior ao que resultaria de uma pensão calculada com base numa incapacidade de 30%.

73. Como se efectua a reparação da incapacidade permanente parcial resultante de doença profissional?

Na incapacidade permanente parcial igual ou superior a 30%, o montante da pensão mensal é de 70% da redução sofrida na capacidade geral de ganho.

Na incapacidade permanente parcial inferior a 30%, é atribuído um capital de remição de uma pensão anual e vitalícia correspondente a 70% da redução sofrida na capacidade geral de ganho, calculado nos termos regulamentados para o risco de acidentes de trabalho.

A lei não determina relativamente às doenças profissionais a remição obrigatória das pensões de reduzido montante como sucede para os acidentes de trabalho.

A remição parcial da pensão é, também, possível, nos mesmos termos previstos para os acidentes de trabalho.

74. A pensão por incapacidade permanente resultante de doença profissional pode ser bonificada?

As pensões por incapacidade permanente são bonificadas em 20% do seu valor relativamente aos pensionistas que cessem a sua actividade profissional e se encontrem afectados por:
- Pneumoconiose com grau de incapacidade permanente não inferior a 50% e em que o coeficiente de desvalorização referido nos elementos radiográficos seja 10%, desde que já tenham, ou logo que completem, 50 anos de idade;
- Doença profissional com um grau de incapacidade permanente não inferior a 70%, desde que já tenham completado, ou logo que completem, 50 anos de idade;

– Doença profissional com um grau de incapacidade permanente não inferior a 80%, independentemente da sua idade.

No entanto, os montantes das pensões bonificadas não podem exceder o valor da remuneração de referência que serve de base ao cálculo da pensão.

75. Qual o montante das pensões por morte devidas em caso de acidente de trabalho?

Deve, antes de mais, ter-se em consideração que as pensões devidas aos beneficiários por morte são calculadas sobre todo o valor da retribuição e não apenas sobre 70% da mesma como sucede relativamente às pensões por incapacidade permanente parcial.

As pensões a que têm direito os diversos beneficiários legais são calculadas com percentagens diferentes. Assim, os valores da pensão são calculados nos seguintes termos, consoante sejam devidas a:

1.º – Cônjuge ou pessoa em união de facto – 30% da retribuição do sinistrado, até à perfazer a idade da reforma por velhice e 40% a partir daquela idade ou quando afectados de doença física ou mental que os incapacite para o trabalho em percentagem superior a 75%;

2.º – Ex-cônjuge ou cônjuge judicialmente separado à data do acidente e com direito a alimentos – 30% da retribuição do sinistrado, até à perfazer a idade da reforma por velhice e 40% a partir daquela idade ou quando afectados de doença física ou mental que os incapacite para o trabalho em percentagem superior a 75%, até ao limite do montante dos alimentos que estava a receber;

3.º – Filhos, incluindo os nascituros e adoptados plena ou restritamente à data do acidente, até perfazerem 18 anos de idade, independentemente de frequentarem qualquer grau de ensino, e 22 ou 25 anos de idade, enquanto frequentarem, respectivamente, o ensino secundário ou equiparado ou curso de nível superior – 20% da retribuição do sinistrado se for apenas um, 40% se forem dois, 50% se forem três ou mais, recebendo o dobro destes montantes, até ao limite de 80% da retribuição do sinistrado, se forem órfãos de pai e mãe;

4.º – Filhos, incluindo os nascituros e adoptados plena ou restritivamente à data do acidente, com qualquer idade, quando afectados de doença física ou mental que os incapacite para o trabalho em percentagem superior a 75% – 20% da retribuição do sinistrado se for apenas um, 40% se forem dois, 50% se forem três ou mais, recebendo o dobro destes montantes, até ao limite de 80% da retribuição do sinistrado, se forem órfãos de pai e mãe;

5.º – Enteados que estivessem a receber alimentos do sinistrado, nas condições previstas para os filhos – pensão igual à prevista para os filhos;

6.º – Ascendentes (mais habitualmente os pais do sinistrado), desde que o sinistrado contribuísse com regularidade para o seu sustento – a cada, 10% da retribuição do sinistrado, não podendo o total das pensões devidas aos ascendentes e a outros parentes sucessíveis (a seguir indicados) exceder 30% da retribuição;

7.º – Outros parentes sucessíveis (mais frequentemente são os irmãos do sinistrado), desde que o sinistrado contribuísse com regularidade para o seu sustento, até perfazerem 18 anos de idade, independentemente de frequentarem qualquer grau de ensino, e 22 ou 25 anos de idade, enquanto frequentarem, respectivamente, o ensino secundário ou equiparado ou curso de nível superior – a cada, 10% da retribuição do sinistrado, não podendo o total das pensões devidas aos ascendentes e a outros parentes sucessíveis exceder 30% da retribuição;

8.º – Outros parentes sucessíveis, desde que o sinistrado contribuísse com regularidade para o seu sustento, com qualquer idade, quando afectados de doença física ou mental que os incapacite para o trabalho em percentagem superior a 75% – a cada, 10% da retribuição do sinistrado, não podendo o total das pensões devidas aos ascendentes e a outros parentes sucessíveis exceder 30% da retribuição.

Se não houver cônjuge, pessoa em união de facto ou filhos com direito a pensão, os ascendentes e outros parentes incluídos nos pontos 6.º a 8.º e nas condições neles referidas receberão, cada um, 15% da retribuição do sinistrado, até perfazerem a idade de reforma por velhice, e 20% a partir desta idade ou no caso de doença física ou mental que os incapacite sensivelmente para o trabalho, não podendo o total das pensões exceder 80% da remuneração do sinistrado, para o que se procederá a rateio, se necessário.

As pensões pagas aos filhos podem sofrer alterações ao longo do tempo em que estão a ser pagas se ocorrer modificação dos pressupostos que se verificavam inicialmente, nos seguintes termos:

– Se o cônjuge sobrevivo falecer durante o período em que a pensão é devida aos filhos, será esta aumentada, nos termos da parte final do ponto 3.º, visto que passam a ser órfãos de pai e mãe;
– As pensões dos filhos do sinistrado serão, em cada mês, as correspondentes ao número dos que, com direito a pensão, estiverem vivos nesse mês.

76. As pensões devidas aos vários beneficiários são acumuláveis e, sendo-o, têm um limite máximo?

Sendo vários os beneficiários, as pensões que lhes são devidas são acumuláveis, mas o seu montante total não poderá exceder 80% da retribuição anual do sinistrado.

Se o valor total das pensões devidas a todos os beneficiários excederem 80% da retribuição do sinistrado, serão sujeitas a rateio, enquanto esse montante se mostrar excedido, isto é são repartidas proporcionalmente de acordo com o valor percentual que cabe a cada um.

Ao longo do tempo há pensões que podem deixar de ser devidas a alguns beneficiários, mantendo-se a de outros, designadamente devido a falecimento ou porque é atingida a idade máxima até à qual a pensão deve ser paga. Assim, sempre que haja diminuição do número de beneficiários, deverá ser efectuado de novo o cálculo das pensões que continuem a ser devidas, com recurso ao rateio, se necessário, isto é, enquanto o total das pensões exceder os referidos 80% da retribuição do sinistrado.

77. Quais as consequências da inexistência de beneficiários em caso de acidente de trabalho mortal?

Se não houver beneficiários com direito a pensão em consequência de acidente de trabalho que provoque a morte reverte para o Fundo de Acidentes de Trabalho uma importância igual ao triplo da retribuição anual do sinistrado. Assim, averiguando-se no processo judicial que não existem beneficiários legais, a entidade responsável (seguradora, em caso de existência de seguro, ou a entidade empregadora, no caso contrário) deverá pagar aquela quantia ao referido Fundo.

Esse Fundo tem por função, entre outras, garantir o pagamento das indemnizações e pensões devidas em consequência de acidente de trabalho por entidades empregadoras que o não façam e das quais não haja possibilidade de o obter coercivamente.

78. Em que condições é devida a prestação suplementar da pensão por assistência de terceira pessoa, em casos de acidente de trabalho e de doença profissional?

A atribuição da prestação suplementar à pensão depende de o interessado não poder, por si só, prover à satisfação das suas necessidades básicas diárias, carecendo de assistência permanente de terceira pessoa, considerando, nomeadamente, os actos relativos a cuidados de higiene pessoal, alimentação e locomoção.

A prestação suplementar à pensão destina-se a compensar os encargos com assistência de terceira pessoa resultantes da situação de dependência em que se encontrem ou venham a encontrar os pensionistas por incapacidade permanente para o trabalho.

O montante da prestação suplementar à pensão corresponde ao valor da remuneração paga à pessoa que presta assistência, com o limite máximo do salário mínimo nacional garantido (com o valor mensal de € 450,00, desde 01-01-2009).

No caso de acidente de trabalho, sempre que o médico assistente entender que o sinistrado não pode dispensar a assistência de uma terceira pessoa, a seguradora deve atribuir-lhe, a partir do dia seguinte ao da alta, uma prestação suplementar provisória equivalente ao montante da remuneração mínima garantida.

Os montantes pagos a título provisório serão considerados aquando da fixação final dos respectivos direitos, fazendo-se o necessário acerto de contas.

79. Em que condições é devido o subsídio por situações de elevada incapacidade permanente, em casos de acidente de trabalho e de doença profissional?

O subsídio por situações de elevada incapacidade permanente é devido quando seja atribuída ao sinistrado ou ao portador de doença profissional uma das seguintes incapacidades:
- Incapacidade permanente absoluta para todo e qualquer trabalho;
- Incapacidade permanente absoluta para o trabalho habitual;
- Incapacidade permanente parcial igual ou superior a 70%.

O subsídio é pago de uma só vez e o seu valor é proporcional a 12 vezes a remuneração mínima mensal garantida, em vigor à data do acidente de trabalho ou da certificação da doença profissional, ponderado pelo grau de incapacidade fixado.

80. Em que condições é devido o subsídio para readaptação da habitação, em casos de acidente de trabalho e de doença profissional?

O subsídio para readaptação de habitação destina-se ao pagamento das despesas suportadas com a readaptação da habitação dos pensionistas por incapacidade permanente absoluta para o trabalho que dela comprovadamente necessitem, em função da sua incapacidade.

O subsídio por despesas de readaptação da habitação é devido nas situações de incapacidade permanente absoluta para todo e qualquer trabalho e de incapacidade permanente absoluta para o trabalho habitual, sendo excluída a incapacidade permanente parcial, mesmo que de grau elevado, diferentemente do que sucede com o subsídio por situações de elevada incapacidade permanente.

O montante devido corresponde às despesas suportadas com a readaptação de habitação, até ao limite de 12 vezes a remuneração mínima mensal garantida em vigor à data do acidente de trabalho ou da certificação da incapacidade resultante de doença profissional.

As situações mais habituais são as que resultam do facto de o trabalhador ter de passar a locomover-se numa cadeira de rodas, o que torna necessária a realização de obras na residência para permitir a sua passagem.

81. Em que condições é devido o subsídio por morte, em casos de acidente de trabalho e de doença profissional?

O subsídio por morte será igual a 12 vezes a remuneração mínima mensal garantida, sendo atribuído:
– Metade ao cônjuge ou à pessoa em união de facto e metade aos filhos que tiverem direito a pensão;
– Por inteiro ao cônjuge ou pessoa em união de facto, ou aos filhos, não sobrevivendo, em simultâneo, cônjuge ou pessoa em união de facto ou filhos.

O subsídio que seja devido aos filhos, ou metade ou por inteiro, consoante haja ou não cônjuge ou à pessoa em união de facto, é repartido entre eles por cabeça, de acordo com o seu número.

82. Em que condições é devido o subsídio por despesas de funeral, em casos de acidente de trabalho e de doença profissional?

O subsídio por despesas de funeral destina-se a compensar as despesas efectuadas com o funeral do sinistrado ou do portador de doença profissional e essas despesas são pagas a quem prove tê-las suportado. Haverá, assim, lugar ao reembolso das referidas despesas a quem as tenha efectivamente realizado, podendo ser um dos beneficiários legais (normalmente, o cônjuge sobrevivo) ou uma terceira pessoa.

No caso de acidente de trabalho o montante devido é igual a quatro vezes a remuneração mínima mensal garantida, aumentada para o dobro, se houver trasladação.

No caso de doença profissional o valor devido é igual ao montante das despesas de funeral, com o limite de quatro vezes a remuneração mínima mensal garantida, aumentada para o dobro, se houver trasladação.

83. Em que condições é devida a pensão provisória logo após a alta, em caso de acidente de trabalho?

A seguradora deve, quando atribua a alta ao sinistrado, proceder ao pagamento de uma pensão provisória a partir do dia seguinte ao da alta, a qual é devida até à fixação no processo judicial do valor definitivo da pensão.

Os montantes pagos serão considerados aquando da fixação final dos respectivos direitos.

A pensão provisória por incapacidade permanente igual ou superior a 30% é calculada nos termos previstos na lei para as situações de incapacidade permanente, com base na desvalorização definida pelo médico assistente nomeado pela seguradora e na retribuição garantida pelo contrato de seguro.

A pensão provisória por incapacidade permanente inferior a 30% é calculada nos termos previstos para as situações de incapacidade temporária parcial, com base na desvalorização definida pelo médico assistente e na retribuição garantida.

84. Em que condições é fixada a pensão provisória no âmbito do processo judicial, em caso de acidente de trabalho?

Em termos gerais, podem-se considerar dois tipos de situações, ou seja, aquelas em que na tentativa de conciliação há acordo acerca da existência e caracterização do acidente como acidente de trabalho e aquelas em que não há acordo quanto a esse aspecto.

Assim, havendo acordo acerca da existência e caracterização do acidente como acidente de trabalho, transitando o processo para a fase contenciosa para serem discutidos outros aspectos sobre os quais não houve acordo, o sinistrado ou os beneficiários legais podem requerer que seja fixada provisoriamente a pensão que for devida pela morte ou pela incapacidade atribuída pelo exame médico, com base na última remuneração auferida pelo sinistrado, se outra não tiver sido reconhecida na tentativa de conciliação.

Não havendo acordo na tentativa de conciliação sobre a transferência da responsabilidade, aspecto que irá ser discutido na fase contenciosa do processo, a pensão provisória fica a cargo da seguradora cuja apólice abranja a data do acidente, mas se não tiver sido junta a apólice, a pensão é paga pela entidade patronal, salvo se esta ainda não estiver determinada ou se encontrar impossibilitada de a pagar por motivo de incapacidade económica ou por motivo de ausência, desaparecimento ou impossibilidade de identificação, caso em que a mesma poderá ser garantida pelo Fundo de Acidentes de Trabalho.

Se o sinistrado ainda necessitar de tratamento, o juiz determina que este seja custeado pela entidade a cargo de quem ficar a pensão ou indemnização provisória.

Nas situações do segundo tipo, isto é, quando haja desacordo sobre a existência e caracterização do acidente como acidente de trabalho, pode ser fixada a pensão provisória a pagar pelo Fundo de Acidentes de Trabalho, a requerimento do sinistrado ou dos beneficiários legais, verificados os seguintes requisitos:
– do acidente tenha resultado a morte ou uma incapacidade grave;
– se considere que o sinistrado ou os beneficiários legais necessitam dessa prestação para a sua subsistência.

Da decisão que fixa a pensão provisória não há recurso e a mesma pode ser objecto de execução imediata.

85. Em que condições é fixada a pensão provisória em caso de doença profissional?

A pensão provisória destina-se a garantir uma protecção atempada e adequada nos casos de incapacidade permanente ou morte, sempre que haja razões clínicas ou técnicas determinantes do retardamento da atribuição das pensões.

A atribuição da pensão provisória por incapacidade permanente depende de parecer clínico, quando a incapacidade temporária atinja os 18 meses e é devida a partir do dia seguinte àquele em que deixou de haver lugar à indemnização por incapacidade temporária.

A pensão provisória mensal por incapacidade permanente é de montante igual ao valor mensal da indemnização por incapacidade temporária absoluta que estava a ser atribuída ou seria atribuível.

A atribuição da pensão provisória por morte depende ainda de não se considerar caracterizada a causa da morte, bem como de os respectivos interessados reunirem os condicionalismos legalmente previstos para o reconhecimento do respectivo direito e não se encontrarem em qualquer das seguintes situações:
– Exercício de actividade profissional remunerada;
– Pré-reforma;

– Pensionista de qualquer sistema de protecção social.

Pode ser atribuído um montante provisório de pensão por incapacidade permanente ou morte sempre que, verificadas as condições determinantes do direito, por razões de ordem administrativa ou técnica, não imputáveis aos beneficiários, seja inviável a atribuição de pensão definitiva no prazo de três meses a partir da data de entrada do requerimento, o qual é devido a partir da data do requerimento, da participação obrigatória ou da morte do beneficiário, conforme o caso.

O montante provisório de pensão por incapacidade permanente é igual ao montante da pensão provisória e o montante provisório de pensão por morte é igual ao que resulta da aplicação das percentagens de cálculo das pensões por morte ao valor da remuneração de referência.

Quando for atribuída a pensão definitiva há lugar ao acerto de contas entre esta e o montante provisório de pensão.

86. De que forma garante a lei os direitos conferidos pelo regime de reparação dos acidentes de trabalho?

A lei prevê vários mecanismos com vista à assegurar os direitos legalmente previstos dos sinistrados e dos beneficiários legais.

Assim, determina-se que os direitos que integram a protecção legal são indisponíveis, pelo que são nulos quaisquer actos e contratos que visem a renúncia aos direitos conferidos pela lei, bem como aos créditos já definidos por acordo ou por decisão judicial. Por isso, o sinistrado e os beneficiários não podem abdicar de qualquer dos seus direitos e créditos.

Além disso, os créditos provenientes do direito às prestações estabelecidas por esta lei são impenhoráveis e gozam dos privilégios creditórios consignados na lei geral como garantia das retribuições do trabalho, com preferência a estas na classificação legal.

E são, também, nulas as cláusulas adicionais do contrato de seguro que contrariem os direitos ou garantias previstos na lei, pelo que a entidade empregadora não pode pretender celebrar um contrato de seguro por acidente de trabalho que preveja direitos de nível inferior aos que a lei estabelece nem a seguradora o pode aceitar.

87. Pode ser acordado um regime mais favorável ou vantajoso para o cálculo das prestações devidas em caso de acidente de trabalho?

O regime jurídico de reparação dos danos resultantes de acidente de trabalho prevê uma protecção mínima legalmente garantida que pode ser alargada através de acordos colectivos ou individuais entre os trabalhadores e os empregadores.

Assim, o que se verifica de forma mais habitual é a introdução de uma cláusula em instrumento de regulamentação colectiva de trabalho de carácter negocial, normalmente contrato colectivo de trabalho ou acordo de empresa, determinando que o cálculo das indemnizações por incapacidade temporária e pensões por incapacidade permanente seja efectuado a partir de uma percentagem da retribuição superior àquela que a lei manda considerar (normalmente 80% da retribuição em lugar de 70%, conforme se prevê na lei).

Com base nessa cláusula contratual, a entidade empregadora acordará com a seguradora para quem transfira a sua responsabilidade que o contrato de seguro garante essa cobertura, o que ficará a constar das condições particulares da apólice. Pelo que, em caso de sinistro, a seguradora deve indemnizar o sinistrado ou os beneficiários em conformidade com essa fórmula de cálculo mais favorável do que a que prevê a lei.

PARTICIPAÇÃO DO ACIDENTE DE TRABALHO E DA DOENÇA PROFISSIONAL E PROCESSO JUDICIAL

88. O sinistrado ou os beneficiários legais devem participar a ocorrência do acidente de trabalho à entidade empregadora?

Ocorrido um acidente, o sinistrado ou os beneficiários legais de pensões, se do acidente resultar a morte do sinistrado, devem participá-lo verbalmente ou por escrito, nas quarenta e oito horas seguintes, à entidade empregadora ou à pessoa que a represente na direcção do trabalho, salvo se a entidade empregadora ou o seu representante o presenciaram ou dele vieram a ter conhecimento no mesmo período.

Se o estado do sinistrado ou outra circunstância, devidamente comprovada, não permitir o cumprimento do disposto no número anterior, o prazo ali fixado conta-se a partir da cessação do impedimento.

Caso a lesão só se revele ou seja reconhecida em data posterior à do acidente, o prazo para a sua participação conta-se a partir da data da revelação ou do reconhecimento da mesma.

89. Que consequências podem advir da falta de participação pelo sinistrado?

Desde logo, a entidade empregadora não poderá prestar ao sinistrado os imediatos e indispensáveis socorros médicos e farmacêuticos, bem como o seu transporte adequado para esses efeitos, podendo, assim, pôr em causa a sua recuperação.

Além disso, quando o sinistrado não participar o acidente atempadamente e, por tal motivo, tiver sido impossível à entidade empregadora ou a quem a represente na direcção do trabalho prestar-lhe a assistência necessária, as incapacidades judicialmente reconhecidas como consequência daquela falta não conferem direito às prestações estabelecidas na lei, na medida em que dela tenham resultado. Ou seja, se do atraso na participação resultar um agravamento da situação que teria sido evitado se a participação fosse feita atempadamente, levando a que a incapacidade seja superior à que normalmente a lesão provocaria se fosse tratada em devido tempo, o acréscimo de incapacidade não dá direito a reparação.

90. Como e em que prazo deve a entidade empregadora participar o acidente de trabalho à seguradora?

As entidades empregadoras que tenham transferido a sua responsabilidade devem participar à empresa de seguros a ocorrência do acidente.

Os acidentes que não sejam mortais devem ser participados no prazo máximo de 24 horas, a partir do momento do conhecimento do acidente, através do modelo de participação aprovado legalmente.

A entidade empregadora deve, ainda, fazer apresentar o sinistrado ao médico da seguradora, sem demora, salvo se tal não for possível e a necessidade urgente de socorros impuser o recurso a outro médico (se, por exemplo, o sinistrado tiver de ser assistido num serviço de urgência médica).

Os acidentes mortais devem ser participados imediatamente, por telecópia, telegrama ou correio electrónico, devendo posteriormente ser enviada a participação escrita acima referida.

91. Como e em que prazo deve o trabalhador independente participar o acidente de trabalho à seguradora?

O sinistrado deve participar à seguradora o acidente de trabalho no prazo de vinte e quatro horas após a sua ocorrência, preenchendo a participação própria.

Se do acidente resultar a morte, a participação deve ser efectuada de imediato, pelos familiares beneficiários legais do sinistrado, por telecópia, telegrama ou correio electrónico, devendo posteriormente ser enviada a participação escrita acima referida.

O sinistrado trabalhador independente deve, também, apresentar-se sem demora ao médico da seguradora, salvo se tal não for possível e a necessidade urgente de socorros impuser o recurso a outro médico (se, por exemplo, o sinistrado tiver de ser assistido num serviço de urgência médica).

92. Quem tem a obrigação legal de participar os casos de doença profissional?

Os médicos devem participar ao Centro Nacional de Protecção Contra os Riscos Profissionais todos os casos clínicos em que seja de presumir a existência de doença profissional de que tenham conhecimento no exercício da sua actividade profissional, em impresso próprio.

Assim, qualquer médico (médico de família, de estabelecimento hospitalar, público ou privado, ou médico do trabalho) que efectue um diagnóstico presuntivo de doença profissional está obrigado legalmente a efectuar a participação ao serviço público que tem a responsabilidade de proceder à certificação das incapacidades por doença profissional.

93. Como devem proceder os trabalhadores portadores de doença profissional ou os seus familiares com direito às prestações que queiram ver reconhecidos os seus direitos?

Em princípio, as prestações pecuniárias previstas na lei são objecto de requerimento, pelo sinistrado ou pelos seus beneficiários legais.

As prestações em espécie que dêem lugar a reembolso devem, igualmente, ser requeridas.

Tratando-se de incapacidade permanente, o requerimento do trabalhador deve ser acompanhado de informação médica, designadamente dos serviços oficiais de saúde e do médico do serviço de medicina do trabalho da respectiva entidade empregadora.

No caso de impossibilidade de os requerentes disporem dos elementos médicos comprovativos, devem os respectivos exames médicos ser efectuados no CNPCRP ou requisitados por este à entidade competente.

As prestações por morte são atribuídas a requerimento dos interessados, ou dos seus representantes legais, o qual deve ser instruído com os documentos comprovativos dos factos condicionantes da sua atribuição.

94. A entidade empregadora está obrigada a participar o acidente de trabalho ao tribunal?

Conforme se viu anteriormente, a entidade empregadora que tenha efectuado o seguro obrigatório de acidentes de trabalho deve participar o acidente à seguradora.

Todavia, as entidades empregadoras cuja responsabilidade não esteja transferida para uma seguradora, devem participar o acidente ao tribunal do trabalho, por escrito, independentemente de qualquer apreciação das condições legais da reparação.

O prazo para a participação é de oito dias contados a partir da data do acidente ou do seu conhecimento, se do acidente não resultar a morte.

Nos casos de morte, o acidente deverá ser participado de imediato ao tribunal do trabalho, por telecópia, telegrama ou correio electrónico, devendo posteriormente ser enviada a participação formal.

Sempre que as entidades empregadoras estejam impossibilitadas de dar cumprimento àquelas obrigações impostas pela lei, as mesmas serão cumpridas pelos responsáveis pela direcção do trabalho.

95. A companhia de seguros está obrigada a participar o acidente de trabalho ao tribunal?

As empresas de seguros devem obrigatoriamente participar ao tribunal do trabalho, por escrito, no prazo de oito dias a contar da alta, os acidentes de que tenha resultado incapacidade permanente e todos os casos de incapacidades temporárias que ultrapassem 12 meses.

Assim, no caso de acidente que não provoque a morte, a seguradora deve efectuar a participação ao tribunal aquando da alta se esta ocorrer antes de decorridos 12 meses sobre o acidente e se tiver sido atribuída incapacidade permanente ou, mesmo antes da alta, logo que o período de incapacidade temporária atinja 12 meses.

As seguradoras devem participar ao tribunal do trabalho imediatamente e por telecópia, telegrama ou correio electrónico os acidentes de que tenha resultado a morte.

Esta participação por telecópia, telegrama ou correio electrónico não dispensa a participação formal, que deve ser feita no prazo de oito dias contados do falecimento.

Da participação devem constar, designadamente, os seguintes elementos:
– identificação do sinistrado e da entidade empregadora, incluindo as suas residência ou sede;
– descrição do acidente e das suas consequências;
– data, hora e local em que ocorreu o acidente;
– retribuição do sinistrado coberta pelo contrato de seguro.

96. Os sinistrados e os seus familiares podem participar o acidente ao tribunal?

Os sinistrados e os seus familiares podem recorrer ao tribunal sempre que considerem que os seus direitos estão a ser postos em causa quer pela entidade empregadora quer pela seguradora.

Assim, o sinistrado pode efectuar a participação do acidente ao tribunal do trabalho, designadamente, nas seguintes situações:
– a entidade empregadora não tiver seguro de acidentes de trabalho;
– a entidade empregadora tiver celebrado um contrato de seguro de acidente de trabalho, mas se recusar a participar o acidente à seguradora;

- a seguradora não reconhecer o acidente como sendo acidente de trabalho e o sinistrado considerar que o deve ser;
- a seguradora lhe der alta e não lhe atribuir incapacidade permanente, considerando-o curado sem desvalorização, situação em que a seguradora não é obrigada a fazer a participação, e o sinistrado considerar que está afectado de incapacidade permanente;
- a seguradora der alta ao sinistrado sem incapacidade permanente e o sinistrado, embora concordando com essa avaliação, verificar que o contrato de seguro não abrangia o valor total da sua retribuição, vindo reclamar o pagamento pela entidade empregadora da parte das indemnizações devidas pelos períodos de incapacidade temporária que a seguradora não pagou, visto que esta só está obrigada a indemnizar o sinistrado com base no valor da retribuição que lhe foi comunicado pela entidade empregadora.

Os familiares do sinistrado com direito a pensão em caso de acidente mortal podem também, participar o acidente ao tribunal do trabalho pelas mesmas razões, com excepção, naturalmente, das que se referem à incapacidade para o trabalho.

97. Que elementos documentais devem acompanhar a participação da seguradora dirigida ao tribunal do trabalho?

Quando a seguradora efectua a participação ao tribunal, a mesma deve ser obrigatoriamente acompanhada de:
- boletim de exame inicial a que o sinistrado foi submetido;
- boletim de alta, do qual conste o grau de incapacidade atribuído;
- toda a documentação clínica do sinistrado relativa ao tratamento feito pela seguradora;
- cópia da apólice de seguro;
- folha de salários do mês anterior ao do acidente (que deve ser enviada mensalmente à seguradora pela entidade patronal, na modalidade de seguro de prémio variável);

– nota discriminativa das incapacidades temporárias, absoluta e parcial, e das indemnizações pagas por essas incapacidades desde o acidente até à alta.

98. Em que tribunal deve ser efectuada a participação pela seguradora ou pela entidade empregadora?

As participações de acidentes de trabalho têm de ser efectuadas no tribunal do trabalho, que é o que tem competência para apreciar as acções emergentes de acidentes de trabalho e de doenças profissionais.

Considerando a competência territorial dos tribunais do trabalho, as participações que obrigatoriamente devem ser feitas pela seguradora ou pela entidade empregadora devem ser apresentadas no tribunal do trabalho com competência territorial na área onde ocorreu o acidente.

Se o acidente ocorrer no estrangeiro, a participação deve ser efectuada no tribunal do trabalho do domicílio do sinistrado.

99. O sinistrado ou os seus familiares beneficiários em caso de acidente mortal podem optar pela competência territorial de outro tribunal do trabalho?

O sinistrado ou os beneficiários legais, sendo o acidente mortal, podem requerer no processo que corre os seus termos no tribunal com competência territorial na área onde ocorreu o acidente, e que teve início com a participação da seguradora ou da entidade empregadora, que transite para o tribunal do trabalho do seu domicílio. Esta faculdade tem de ser exercida até ao final da fase conciliatória do processo especial emergente de acidente de trabalho, ou seja até à tentativa de conciliação.

Se forem aqueles pensionistas a efectuarem a participação, podem apresentá-la desde logo nesse tribunal da área do seu domicílio.

100. Em que prazo deve ser efectuada a participação pelo sinistrado ou pelos seus familiares?

Caso não tenha sido efectuada a participação pela seguradora (o que sucederá, por exemplo, se a seguradora tiver dado alta ao sinistrado sem incapacidade ou se a entidade empregadora não tiver participado o acidente à seguradora), o sinistrado ou os seus familiares podem participar o acidente ao tribunal do trabalho, assim dando início ao processo judicial.

Devem fazê-lo o mais rapidamente possível, dado que o decurso do tempo não só retarda a definição dos seus direitos como pode prejudicar a prova que eventualmente tenham que fazer, se houver litígio com a entidade responsável, particularmente, quanto às circunstâncias de tempo, modo e lugar em que ocorreu o acidente, quanto às lesões que o mesmo produziu e quanto ao valor da retribuição.

O prazo máximo para ser efectuada a participação é de um ano a contar da data da alta clínica formalmente comunicada ao sinistrado pela seguradora ou, se do acidente resultar a morte, a contar desta, dado que o direito de acção caduca nesse prazo de um ano.

101. Como se inicia e de que modo decorre o processo emergente de acidente de trabalho?

O processo especial emergente de acidente de trabalho inicia-se com a participação apresentada pela seguradora, pela entidade empregadora, pelo sinistrado ou pelos seus familiares no tribunal do trabalho territorialmente competente.

A participação não está sujeita a um formalismo particular e pode ser subscrita pela própria parte, não sendo obrigatória a nomeação de advogado na fase conciliatória do processo se não forem discutidas questões jurídicas.

O processo tem natureza urgente, pelo que tem prioridade sobre outros tipos de processos na sua tramitação e os seus prazos, designadamente os previstos na lei para a apresentação de peças processuais em juízo, não se suspendem durante as férias judiciais.

O processo corre oficiosamente, especialmente na sua fase conciliatória, não tendo as partes que impulsionar o seu andamento depois de terem efectuado a participação, sem prejuízo, naturalmente, do dever de colaboração e de cumprimento das determinações do tribunal.

O processo inicia-se com a fase conciliatória, e pode ter uma segunda fase, a contenciosa, caso não termine por acordo na fase conciliatória.

102. Como decorre a fase conciliatória do processo e quais são os seus actos mais relevantes?

A fase conciliatória do processo, com a qual este se inicia, tem por base a participação do acidente, obrigatória ou facultativa, e é dirigida pelo magistrado do Ministério Público (Procurador da República).

Quem efectuar a participação deve juntar os elementos que são relevantes para a definição dos direitos do sinistrado ou dos beneficiários legais, tendo a participação da seguradora de ser obrigatoriamente acompanhada por determinados elementos documentais, conforme se viu anteriormente.

Compete ao Procurador da República impulsionar o andamento do processo. Assim, em termos gerais, determina a junção ao processo de todos os elementos que não sejam juntos pelas partes e que sejam necessários para o apuramento da retribuição e da incapacidade do sinistrado, designadamente a documentação clínica da seguradora, bem como os esclarecimentos e documentos relativos a observações e tratamentos feitos ao sinistrado por qualquer hospital, centro de saúde ou médico, os quais são obrigados a fornecer esses elementos, tendo qualquer entidade pública ou privada o dever de prestar a sua colaboração ao Ministério Público, sob pena de condenação em multa.

O Procurador da República pode, também requisitar aos serviços da Autoridade para as Condições de Trabalho (ex Inspecção-Geral do Trabalho) a realização de inquérito urgente e sumário sobre as circunstâncias em que ocorreu o acidente, quando:

- do acidente tenha resultado a morte ou incapacidade grave;
- o sinistrado não estiver a ser tratado;
- houver motivos para presumir que o acidente ou as suas consequências resultaram da falta de observância das condições de higiene ou de segurança no trabalho.

Sendo o acidente mortal, o Procurador da República determina a junção aos autos do relatório da autópsia ou a realização desta, salvo se a mesma for considerada desnecessária, e ordena as diligências indispensáveis para a identificação dos beneficiários legais, o que normalmente é feito pela autoridade policial competente na área de residência do sinistrado.

A avaliação da incapacidade é efectuada no exame médico. Normalmente este exame destina-se à avaliação da incapacidade do sinistrado, mas também pode ter como finalidade a apreciação da existência de doença física ou mental dos beneficiários legais (filhos e outros parentes sucessíveis) que os incapacite para o trabalho em percentagem superior a 75%.

A fase conciliatória termina com a realização da tentativa de conciliação.

103. Como se realiza o exame médico na fase conciliatória do processo?

O exame médico é realizado pelo respectivo perito médico e é presidido pelo magistrado do Ministério Público quando efectuado no tribunal, podendo, também, ser efectuado nos institutos de medicina legal ou nos gabinetes médico-legais, dispensando-se, nesses casos, a presença do Ministério Público.

Quando o exame exigir elementos auxiliares de diagnóstico, tais como exames radiológicos, ressonância magnética ou tomografia axial computadorizada (TAC), que ainda não tenham sido juntos ao processo, designadamente pela seguradora, ou conhecimento de alguma especialidade clínica, são requisitados tais elementos ou o parecer de especialistas aos serviços médico-sociais da respectiva área e se estes não estiverem habilitados a fornecê-los em tempo oportuno são requisitados a estabelecimentos ou serviços adequados ou a médicos especialistas.

Fora das áreas metropolitanas de Lisboa e do Porto, se não houver possibilidade de obter esses elementos na respectiva circunscrição, o Ministério Público pode solicitar a outro tribunal com competência em matéria de trabalho a obtenção desses elementos ou pareceres, bem como a realização do próprio exame.

O exame é secreto, só podendo estar presentes aquando da sua realização, para além do sinistrado e do perito médico, o magistrado do Ministério Público e o funcionário judicial, sendo o seu resultado notificado de seguida ao sinistrado e às pessoas convocadas para a tentativa de conciliação.

No auto de exame o perito médico deve indicar o resultado da sua observação e do interrogatório do sinistrado e, em face destes elementos e dos constantes do processo, descreve a lesão e as suas consequências, a natureza da incapacidade e o grau de desvalorização correspondente.

104. Como se realiza a tentativa de conciliação na fase conciliatória do processo?

Na tentativa de conciliação, o Ministério Público promove o acordo de harmonia com os direitos consignados na lei, tomando por base os elementos fornecidos pelo processo, designadamente o valor da retribuição e o resultado do exame médico.

Dado que os direitos dos sinistrados e dos beneficiários legais são indisponíveis, o acordo que se procura alcançar não pode implicar a cedência por parte dos sinistrados e dos beneficiários de qualquer parcela dos direitos garantidos pela lei, pelo que se trata de um acordo de estrita legalidade.

105. Quem deve participar na tentativa de conciliação?

Para a tentativa de conciliação são convocados o sinistrado ou os seus beneficiários legais, em caso de acidente mortal, as seguradoras e as entidades empregadoras, conforme os elementos constantes do processo relativamente à existência e validade do contrato de seguro e à cobertura pelo seguro do valor total da retribuição do sinistrado. Assim, estando o seguro devidamente efectuado, apenas será chamada a intervir a seguradora.

Se das declarações prestadas na tentativa de conciliação resultar a necessidade de convocação de outras entidades, particularmente se se apurar nesse acto que o sinistrado auferia retribuição superior à abrangida pelo seguro, o Ministério Público designa data para nova tentativa de conciliação para a qual será, também, convocada a entidade empregadora.

A presença do sinistrado ou beneficiário pode ser dispensada em casos justificados de manifesta dificuldade de comparência ou de ausência em parte incerta, sendo a representação do ausente assegurada pelo substituto legal do magistrado do Ministério Público que presidir à diligência. Será, por exemplo, o caso de ausência prolongada ou de residência no estrangeiro.

Não comparecendo a entidade responsável, tomam-se declarações ao sinistrado ou beneficiário sobre as circunstâncias em que ocorreu o acidente e mais elementos necessários à determinação do seu direito, designando-se logo data para nova tentativa de conciliação.

Faltando de novo a entidade responsável ou não sendo conhecido o seu paradeiro, é dispensada a tentativa de conciliação, presumindo-se verdadeiros, até prova em contrário, os factos declarados se a ausência for devida a falta injustificada e a entidade responsável residir ou tiver sede no continente ou na ilha onde se realiza a diligência. Ou seja, da falta injustificada por duas vezes da entidade responsável decorre que são considerados verdadeiros os factos declarados pelo sinistrado ou pelos beneficiários, cabendo à entidade responsável por em causa essa presunção, tornando duvidosos aqueles factos ou provando o contrário.

106. O que deve constar do auto da tentativa de conciliação?

Havendo acordo, devem constar do auto, além da identificação completa dos intervenientes, a indicação precisa dos direitos e obrigações que lhes são atribuídos e ainda a descrição do acidente e dos factos que servem de fundamento aos referidos direitos e obrigações, como sejam o valor total da retribuição, a parte abrangida pelo seguro e aquela pela qual responde a entidade empregadora e os pressupostos de que depende a qualidade de beneficiário legal.

Homologado o acordo por despacho judicial, aquele produz efeitos desde a data da sua realização, ficando as partes obrigadas ao seu cumprimento nos mesmos termos em que o estariam se tivesse sido proferida uma sentença.

Na falta de acordo são consignados no auto os factos sobre os quais tenha havido acordo, referindo-se expressamente se houve ou não acordo acerca da existência e caracterização do acidente, do nexo causal entre a lesão e o acidente, da retribuição do sinistrado, da entidade responsável e da natureza e grau da incapacidade atribuída.

O interessado que se recuse a tomar posição sobre cada um destes factos, na tentativa de conciliação, estando já habilitado a fazê-lo, é, a final, condenado como litigante de má fé.

Os factos sobre os quais tenha havido acordo serão considerados assentes na fase contenciosa, não podendo ser mais discutidos no processo.

107. Como se inicia a fase contenciosa do processo emergente de acidente de trabalho?

A fase contenciosa do processo pode ter início através de uma de duas formas.

Assim, se na tentativa de conciliação não tiver havido acordo quanto a questões que não sejam apenas a da incapacidade, o sinistrado ou os beneficiários legais, devem apresentar a petição inicial em que aleguem os factos e argumentos jurídicos que fundamentam os seus direitos.

Se na tentativa de conciliação apenas não houver acordo quanto à matéria da incapacidade, havendo acordo quanto a todos os outros aspectos, a parte que discordar do resultado do exame médico efectuado na fase conciliatória do processo, deve apresentar um requerimento a pedir a realização do exame por junta médica. O requerimento deve ser fundamentado, sendo alegadas as razões em que se baseia a discordância, ou vir acompanhado de quesitos que devem ser respondidos pelos peritos médicos que integram a junta médica.

Pelo que, a fase contenciosa pode ter por base a petição inicial, apresentada pelo sinistrado ou pelos beneficiários, ou o requerimento de exame por junta médica, o qual pode ser apresentado pelo sinistrado ou pela parte responsável, consoante a parte que discorde do resultado do exame médico.

108. Em que prazo deve ser apresentada a petição inicial ou o requerimento de exame por junta médica?

A petição inicial ou o requerimento de exame por junta médica devem ser apresentados no prazo de 20 dias, contados de forma contínua desde a data da tentativa de conciliação.

Caso esteja apenas em causa a discordância quanto à questão da incapacidade e a parte que deve apresentar o requerimento não o fizer naquele prazo de 20 dias, o juiz profere a decisão final sobre a causa, fixando a incapacidade com base nos elementos constantes do processo.

Se tiver de ser apresentada a petição inicial, pode ser prorrogado o prazo inicial por igual período de tempo, se se verificar insuficiência nos elementos de facto necessários à elaboração da petição inicial. Findo esse prazo é declarada suspensa a instância, devendo a petição inicial ser apresentada, em princípio, pelo Ministério Público logo que tenha reunido os elementos necessários.

109. Como se inicia a fase contenciosa do processo emergente de doença profissional?

Relativamente às doenças profissionais não tem lugar a fase conciliatória do processo especial emergente de acidente de trabalho e de doença profissional, dado que a caracterização da doença, a avaliação da incapacidade e a definição dos direitos é obrigatoriamente feita, em primeiro lugar, pelo Centro Nacional de Protecção contra os Riscos Profissionais (CNPCRP).

Quando o trabalhador afectado de doença profissional ou os seus beneficiários legais discordem da decisão do Centro Nacional de Protecção contra os Riscos Profissionais, designadamente quanto à caracterização da doença ou à avaliação da incapacidade, devem instaurar a acção judicial no tribunal do trabalho territorialmente competente – o do lugar onde o doente trabalhou pela última vez em serviço susceptível de originar a doença ou o da área de residência do doente ou dos beneficiários, por opção destes.

Neste caso, o processo judicial tem início com a petição inicial ou com o requerimento de exame por junta médica.

Para esse efeito, o tribunal requisita o processo organizado pelo CNPCRP, o qual será apensado ao processo judicial e devolvido àquela instituição quando terminar o processo judicial.

O mesmo pode acontecer se o portador de doença profissional discordar da decisão do CNPCRP relativamente ao requerimento de revisão da incapacidade ou de remição da pensão.

110. Quem patrocina os sinistrados, os portadores de doença profissional ou os seus beneficiários legais?

Não tendo havido acordo na tentativa de conciliação, o Ministério Público deve, em princípio, assumir de imediato o patrocínio do sinistrado ou dos beneficiários legais, devendo, desde logo, recolher os elementos necessários à apresentação da petição inicial ou do requerimento de exame por junta médica.

No entanto, o Ministério Público não assume o patrocínio se o sinistrado ou os beneficiários constituírem advogado ou se, sendo aquele sindicalizado, puderem recorrer aos serviços do contencioso do seu sindicato ou, ainda, se o sinistrado ou os beneficiários requererem e obtiverem a nomeação de patrono no âmbito do sistema do apoio judiciário (pedido que deve ser feito na Segurança Social).

O mesmo se passa relativamente aos portadores de doença profissional e aos seus beneficiários legais.

Na fase contenciosa do processo é obrigatória a intervenção de patrono. Todavia, as partes podem formular requerimentos em que não se levantem questões jurídicas.

111. Como se realiza o exame por junta médica na fase contenciosa do processo?

Na fase contenciosa do processo a avaliação da incapacidade é feita por uma junta médica.

O exame por junta médica, constituída por três peritos, tem carácter urgente, é secreto e presidido pelo juiz de direito.

Cada uma das partes pode apresentar o seu perito médico, nomeando o tribunal o terceiro, sendo a nomeação dos peritos apresentados pelas partes feita imediatamente antes da diligência.

Para o efeito, os peritos das partes devem ser apresentados até ao início da diligência; se o não forem, o tribunal nomeia-os oficiosamente. É o que sucede habitualmente quanto ao sinistrado, o qual, ao contrário da seguradora, não tem, por norma, condições para apresentar perito próprio. Sempre que possível, são nomeados pelo juiz peritos do tribunal que não tenham intervindo na fase conciliatória.

Se na fase conciliatória do processo o exame médico tiver exigido a realização de exames de especialidade, intervêm na junta médica, pelo menos, dois médicos das mesmas especialidades.

Fora das áreas metropolitanas de Lisboa e do Porto, se não for possível constituir a junta nos termos dos números anteriores, o exame é solicitado pelo tribunal onde decorre o processo ao tribunal com competência em matéria de trabalho mais próximo da residência da parte, onde a junta possa constituir-se.

Os peritos médicos podem ser ouvidos na audiência de julgamento se o juiz o determinar.

112. Podem ser realizados exames ou perícias complementares?

Os peritos que integram a junta médica podem propor a realização de exames complementares de diagnóstico ou de alguma especialidade médica, tal como o perito médico na fase conciliatória do processo.

O juiz, se o considerar necessário, pode determinar a realização de exames e pareceres complementares ou requisitar pareceres técnicos.

Quando possa estar em causa a fixação de incapacidade permanente absoluta para o trabalho habitual, o juiz pode requisitar o parecer prévio de peritos especializados, designadamente de organismos tutelados pelo Ministério do Trabalho. Esses pareceres são habitualmente pedidos ao Instituto de Emprego e Formação Profissional.

113. Quem é responsável pelas custas judiciais devidas no processo emergente de acidente de trabalho ou de doença profissional?

Na decisão final deve ser condenada em custas a parte vencida no processo, na totalidade se perder integralmente a acção ou na proporção em que o for se apenas ficar parcialmente vencida.

No entanto, na fase contenciosa do processo, com a apresentação da petição inicial ou do requerimento de exame por junta médica, bem como da respectiva resposta, a parte que não esteja isenta ou dispensada de custas deve pagar a taxa de justiça correspondente ao valor da acção, valor que lhe poderá ser devolvido a final em caso de vencimento da acção.

Tradicionalmente os sinistrados, os portadores de doença profissional e os seus familiares beneficiários legais gozavam de isenção de custas no processo judicial emergente de acidente de trabalho ou de doença profissional.

Com o Regulamento das Custas Processuais, aprovado pelo DL 34/2008, de 26-02, relativamente aos processos iniciados a partir de 20-04-2009, deixa de haver essa isenção genérica de custas, passando a mesma a depender da verificação dos seguintes pressupostos:

1.º Ser o sinistrado, o portador de doença profissional ou os seus familiares beneficiários legais patrocinados no processo pelo Ministério Público ou pelos serviços jurídicos do seu sindicato;

2.º Ser o seu rendimento anual ilíquido à data da instauração da acção igual ou inferior a 200 UC (Unidade de Conta).

O valor da UC, que é actualizado anualmente de acordo com o indexante dos apoios sociais (IAS), é em 2009 de € 102,00. Assim, o rendimento ilíquido referido não poderá actualmente ser superior a € 20 400,00 anuais, o que corresponde a um rendimento ilíquido mensal de € 1 457,14, considerando o pagamento da retribuição em 14 prestações no ano (€ 20 400,00:14 = € 1 457,14).

As partes podem, ainda, gozar de dispensa de custas se requerem e lhes for concedido Apoio Judiciário nessa modalidade. Este pedido é apreciado e decidido pelos serviços da Segurança Social.

114. A entidade empregadora obrigada a pagar uma pensão vitalícia tem de prestar caução?

Quando não haja ou seja insuficiente o seguro de acidentes de trabalho, as entidades empregadoras são obrigadas a caucionar o pagamento das pensões de acidentes de trabalho em que tenham sido condenadas, ou a que se tenham obrigado por acordo homologado, garantindo assim o seu pagamento futuro.

A entidade empregadora pode, em lugar da prestar a caução, optar por celebrar com uma empresa de seguros um contrato específico de seguro de pensões.

Essa obrigação só se verifica, como é natural, relativamente às pensões vitalícias, dado que se a pensão for obrigatoriamente remível o pagamento é feito numa única prestação e logo depois da sua fixação pelo tribunal, ficando as entidades responsáveis desde então desoneradas de qualquer obrigação.

A caução tem por finalidade garantir o pagamento da pensão vitalícia sempre que a entidade patronal deixe de a pagar, de forma a que o sinistrado ou os seus beneficiários legais não deixem de receber em nenhum momento a pensão que lhes é devida.

Por isso, a caução não substitui o pagamento da pensão nem desobriga a entidade responsável deste pagamento. O pagamento da pensão e a prestação da caução são obrigações independentes uma da outra e o cumprimento de uma não dispensa a responsável pela outra.

115. Como se processa a prestação da caução?

A caução pode ser feita por depósito de numerário, títulos da dívida pública, por afectação ou hipoteca de imóveis ou garantia bancária.

Os caucionamentos são feitos à ordem do juiz do tribunal do trabalho respectivo, ou a seu favor, no prazo que ele designar.

Os títulos da dívida pública são avaliados, para efeitos de caucionamento, pela última cotação na bolsa e os imóveis e empréstimos hipotecários pelo valor matricial corrigido dos respectivos prédios, competindo ao Ministério Público apreciar e dar parecer sobre a idoneidade dos caucionamentos.

Sempre que se verifique que os caucionamentos são insuficientes, especialmente sempre que o valor da pensão é actualizado, deverão eles ser reforçados, nos termos referidos.

O valor da caução a prestar é calculado e comunicado ao tribunal pelo Instituto de Seguros de Portugal. Para esse efeito, o tribunal envia a esse instituto certidão do acordo homologado ou da sentença condenatória e certidões de nascimento dos sinistrados ou dos beneficiários.

Sempre que a pensão é actualizada, o tribunal solicita ao Instituto de Seguros de Portugal informação sobre a eventual alteração do valor da caução, determinando que a entidade empregadora proceda ao seu reforço, sendo esse o caso.

Caso a entidade empregadora não preste a caução ou não proceda ao seu reforço, nos termos que forem determinados pelo tribunal e de acordo com as modalidades previstas na lei, o Ministério Público instaurará contra a entidade empregadora uma execução para cobrança coerciva da quantia devida.

116. De que forma é garantido o pagamento das prestações reparatórias devidas por acidente de trabalho?

O Fundo de Acidentes de Trabalho (FAT) tem por função, entre outras, garantir o pagamento das prestações reparatórias, designadamente as indemnizações e pensões, devidas em consequência de acidente de trabalho por entidades empregadoras que o não façam e das quais não haja possibilidade de o obter coercivamente, devido a incapacidade económica ou desaparecimento.

O FAT responde, apenas, pelo valor normal das pensões, isto é, não cobre o valor das prestações agravadas em caso de violação das regras de segurança.

Também não garante o pagamento da indemnização por danos não patrimoniais e de juros de mora que sejam devidos pela entidade responsável.

117. As faltas dadas pelo sinistrado ou pelo portador de doença profissional para comparecer a exames e actos judiciais são justificadas e não determinam perda de retribuição?

Enquanto o sinistrado estiver em situação de incapacidade temporária as faltas ao trabalho são justificadas, mas implicam perda da retribuição, na medida em que a seguradora esteja a pagar ao sinistrado ou a Segurança Social ao portador de doença profissional a indemnização por incapacidade temporária.

As faltas que o sinistrado ou o portador de doença profissional tenha de dar para efectuar exames com vista à caracterização do acidente de trabalho ou da doença profissional ou para comparecer a actos judiciais para os quais tenha sido convocado pelo tribunal são justificadas e não determinam perda da retribuição.

Os exames que estão abrangidos são os exames periciais para avaliação da incapacidade no âmbito do processo judicial, exame singular ou por um só perito ou exame por junta médica, e os exames de especialidade ou complementares de diagnóstico que sejam mandados efectuar pelo tribunal.

Os actos judiciais propriamente ditos são todos para os quais o sinistrado ou o portador de doença profissional tenha sido notificado pelo tribunal e aos quais é obrigado a comparecer e podem ser a tentativa de conciliação, a audiência de julgamento e a entrega do capital de remição.

MANUTENÇÃO, MODIFICAÇÃO E CADUCIDADE DE DIREITOS

118. O direito às prestações em espécie mantém-se depois da alta em caso de acidente de trabalho?

O direito às prestações em espécie mantém-se depois da alta, tenha ou não sido atribuída incapacidade permanente ao sinistrado, ou seja, esse direito verifica-se mesmo que no final do tratamento o sinistrado tenha sido dado como curado sem desvalorização, se ocorrer recidiva ou agravamento da lesão ou da doença.

Assim, caso o sinistrado necessite em determinado momento de assistência médica e cirúrgica, incluindo os necessários elementos de diagnóstico e de tratamento, ou de fornecimento de medicação que tenha de tomar regularmente ou de forma ocasional (por exemplo, analgésicos ou anti-inflamatórios) pode solicitar a sua observação pelos serviços médicos da seguradora para lhe serem facultados os necessários meios terapêuticos

O exercício desse direito não está condicionado por qualquer limite temporal.

Se por virtude dessa recidiva ou do agravamento da lesão o sinistrado estiver afectado de incapacidade temporária, absoluta ou parcial, designadamente durante o período de tratamento, tem direito ao pagamento das indemnizações devidas por essa incapacidade temporária.

Havendo alguma divergência entre a seguradora e o sinistrado, este pode requerer a reabertura do processo judicial para ser apreciada a efectiva necessidade de tratamento.

119. A incapacidade permanente pode ser revista em momento posterior à sua fixação?

Quando se verifique agravamento, recidiva ou recaída que produza alteração na incapacidade permanente do sinistrado, agravando o grau de desvalorização ou o tipo de incapacidade permanente (por exemplo, passando de parcial a absoluta), o sinistrado pode requerer, no processo judicial onde a incapacidade tenha sido fixada anteriormente, a revisão da sua incapacidade, para o que será submetido a exame médico.

A revisão da incapacidade pode ser requerida quer o sinistrado esteja a receber pensão quer a mesma tenha sido paga sob a forma de capital de remição.

O pedido de revisão deve ser fundamentado ou vir acompanhado de quesitos (questões sobre as sequelas ou limitações funcionais do sinistrado a que o perito médico deve responder).

Realizado o exame médico, a parte (sinistrado, seguradora ou entidade empregadora) que não concordar com o resultado da avaliação pode requerer que se proceda a exame por junta médica.

O juiz pode mandar realizar exames médicos ou periciais que se mostrem necessários para a decisão.

Havendo agravamento, na decisão do tribunal são fixadas a nova incapacidade e a pensão correspondente e, não o havendo, é mantida a incapacidade e o valor da pensão.

O pedido de revisão pode ser apresentado pelo sinistrado, se a responsável for uma seguradora, mesmo que o acidente não tenha sido participado ao tribunal por o sinistrado ter sido considerado curado sem incapacidade, situação em que não houve processo judicial anteriormente.

Esse pedido de revisão pode, também, ser formulado pela entidade responsável pelo pagamento da pensão se esta considerar que houve melhoria da situação do sinistrado.

120. Em que prazo pode ser requerida a revisão?

Relativamente aos acidentes de trabalho, de acordo com a lei actual, a revisão só pode ser requerida dentro dos 10 anos posteriores à data da fixação da pensão, uma vez em cada semestre, nos dois primeiros anos, e uma vez por ano, nos anos seguintes.

O Tribunal Constitucional considerou inconstitucional essa norma da lei na medida em que proíbe em absoluto o pedido de revisão 10 anos depois da data da fixação inicial da incapacidade quando posteriormente tenha sido dado como provado um agravamento. Assim, de acordo com esta interpretação, pode ser requerida a revisão mesmo para além do prazo de 10 anos, contados a partir da data da fixação inicial da incapacidade, se num pedido de revisão anterior o tribunal tiver decidido que houve um agravamento.

É previsível que futuramente venha a ser retirado da lei o prazo máximo de 10 anos para o pedido de revisão, o que já consta numa Proposta de Lei aprovada pelo Governo e que está em discussão na Assembleia da República.

No tocante às doenças profissionais, a revisão pode ser feita por iniciativa do portador de doença profissional ou do próprio Centro Nacional de Protecção Contra os Riscos Profissionais e pode ser requerida a todo o tempo, isto é, sem qualquer limite temporal máximo. Todavia, nos dois primeiros anos só o pode ser uma vez no fim de cada ano.

121. Que pensões por acidentes de trabalho e por doença profissional são actualizáveis?

São actualizáveis as pensões anuais e vitalícias de acidentes de trabalho devidas a sinistrados com:

- incapacidade permanente absoluta para todo e qualquer trabalho;
- incapacidade permanente absoluta para o trabalho habitual;
- incapacidade permanente parcial igual ou superior a 30%.

Também é actualizável a prestação suplementar por assistência de terceira pessoa.

São, também, actualizáveis todas as pensões anuais, quer vitalícias quer temporárias, devidas aos seus beneficiários legais por morte do sinistrado.

As mesmas prestações devidas por doença profissional são igualmente actualizáveis.

122. Em que termos são actualizadas as pensões de acidentes de trabalho e por doença profissional?

As pensões de acidentes de trabalho são actualizadas anualmente com efeitos a 1 de Janeiro de cada ano, de acordo com a percentagem fixada numa Portaria conjunta dos membros do governo responsáveis pelas áreas das finanças e do trabalho e da solidariedade social. A última actualização que ocorreu em 01-01-2009 foi por aplicação da percentagem de 2,9%, de acordo com a Portaria n.º 166/2009, de 16 de Fevereiro.

Quanto às pensões por doença profissional, as mesmas são actualizadas periodicamente, o que vem acontecendo com produção de efeitos a 1 de Janeiro de cada ano, nos termos fixados na portaria que procede à actualização das demais pensões do regime geral da Segurança Social. A mais recente actualização, com efeitos a 01-01-2009, resultou da Portaria 1514/08, de 24-12.

123. Como se processa a actualização e o seu controlo quanto às pensões de acidente de trabalho?

Sendo a pensão anual devida por uma seguradora, quer esta responda pela totalidade ou por parte do seu valor, a actualização é automática, isto é, logo após a publicação da

Portaria que fixa a percentagem da actualização, a seguradora procede ao cálculo do valor actualizado e deve fazer a comunicação ao tribunal do trabalho onde correu os seus termos o processo e no qual foi fixada a pensão. O magistrado do Ministério Público verifica a conformidade da actualização com a lei e promove eventuais rectificações a que haja lugar.

Se a responsabilidade pelo pagamento da pensão for de uma entidade empregadora, cabe ao Ministério Público promover no processo judicial a actualização da pensão.

Proferida decisão a determinar a actualização da pensão, a entidade responsável é notificada para comprovar no processo o seu pagamento ao sinistrado ou aos beneficiários com o valor actualizado.

124. Como se processa a remição da pensão?

Tratando-se de acidente de trabalho, sendo a pensão obrigatoriamente remível (se a incapacidade permanente for inferior a 30%), constará no acordo na tentativa de conciliação ou na decisão judicial o valor da pensão e a indicação de que a mesma é obrigatoriamente remível.

Se a pensão for parcialmente remível, esta deve ser requerida pelo sinistrado. Após serem ouvidos o Ministério Público e a parte contrária, será proferida decisão.

O cálculo do capital de remição, e dos respectivos juros de mora, quando tenham sido fixados, que o sinistrado tem direito a receber é efectuado pela secretaria do tribunal. O Ministério Público, depois de verificar a conformidade do cálculo com a lei, marca a data e a hora para a entrega do capital, visto que a lei determina que esse acto tem de decorrer no tribunal.

Relativamente às doenças profissionais, a apreciação do requerimento de remição parcial da pensão e o pagamento do capital de remição são da responsabilidade do Centro Nacional de Protecção Contra os Riscos Profissionais (CNPCRP). Só em caso de divergência entre o pensionista e o CNPCRP, designadamente quanto à verificação dos seus requisitos ou à forma de cálculo, é que essa matéria será tratada no tribunal. Para esse efeito, o pensionista deverá instaurar a acção no tribunal do trabalho contra aquele organismo da Segurança Social.

125. Em que situações caduca o direito às pensões de acidente de trabalho?

Naturalmente, todas as pensões caducam com a morte do pensionista, sinistrado ou beneficiário legal.

As pensões devidas aos beneficiários filhos e a outros parentes sucessíveis caducam quando estes atingem os 25 anos de idade ou os 18 ou os 22 anos, se deixarem de frequentar o grau de ensino que é requisito de atribuição e manutenção da pensão.

O cônjuge ou pessoa em união de facto e o ex-cônjuge ou cônjuge judicialmente separado e com direito a alimentos que esteja a receber pensão e que contraia casamento ou união de facto receberá, por uma só vez, o triplo do valor da pensão anual, deixando de ter direito a receber desde então a pensão vitalícia.

126. Como se processa judicialmente a declaração de caducidade do direito à pensão de acidente de trabalho?

Em todos os casos, a entidade responsável tem de requerer ao tribunal a declaração da caducidade do direito à pensão, devendo apresentar as respectivas provas.

Esta acção corre por apenso ao processo em que a pensão foi fixada, devendo ser ouvidos quanto aos fundamentos do requerimento o pensionista e o Ministério Público.

No caso de o requerimento de caducidade dizer respeito a uma pensão devida a um sinistrado, com fundamento na sua morte, o Ministério Público deve averiguar se a morte resultou directa ou indirectamente do acidente de trabalho. Havendo elementos para presumir a existência dessa relação de causalidade entre a morte e as lesões resultantes do acidente, o Ministério Público organiza o processo para a determinação dos beneficiários legais, nos mesmos termos em que se procede aquando da participação de um acidente mortal.

CONTRATO DE SEGURO DE ACIDENTES DE TRABALHO

127. Quais são as modalidades do seguro de acidentes de trabalho dos trabalhadores por conta de outrem?

O seguro pode ser celebrado nas seguintes modalidades:
– Seguro a prémio fixo, quando o contrato cobre um número previamente determinado de pessoas seguras, com um montante de retribuição antecipadamente conhecido;
– Seguro a prémio variável, quando o contrato cobre um número variável de pessoas seguras, com retribuições seguras também variáveis, sendo consideradas pela seguradora as pessoas e as retribuições indicadas nas folhas de vencimento que lhe são enviadas periodicamente pela entidade empregadora.

Nesta segunda modalidade, vulgarmente ainda designada por "seguro de folhas de férias", a entidade empregadora está obrigada a enviar à seguradora, até ao dia 15 de cada mês, as folhas de retribuições pagas no mês anterior a todos os seus trabalhadores, devendo ser mencionada a totalidade da retribuição de cada trabalhador. Devem, ainda, ser indicados os trabalhadores que são praticantes, aprendizes ou estagiários.

Deve salientar-se que se os trabalhadores recebem subsídio de alimentação de valor que está isento de contribuições para a Segurança Social, essa prestação não será incluída nas folhas de retribuições remetidas mensalmente à Segurança Social. Todavia, dado que o subsídio de alimentação, seja qual for o seu montante e esteja ou não isento de contribuições, se considera como retribuição para efeitos de reparação dos danos decorrentes do acidente de trabalho, tem de ser comunicado à seguradora, sob pena de o mesmo não ficar coberto pelo seguro. Por isso, não bastará nesses casos que o empregador envie à seguradora cópias das folhas de retribuição que remete à Segurança Social, devendo enviar, para além daquelas, uma folha adicional onde indique o valor do subsídio de alimentação pago.

Nesta modalidade de seguro, será pago um prémio provisório, apurado de acordo com as retribuições anuais previstas pelo tomador do seguro, sendo no final do ano efectuado o acerto em relação à diferença, para mais ou para menos, entre o valor pago e o do prémio definitivo, calculado em função das retribuições que efectivamente tenham sido pagas.

A seguradora poderá, ainda, em caso de verificar haver desvios significativos entre as retribuições previstas e as efectivamente pagas, fazer um acerto no decurso do período de vigência do contrato.

128. Quais as consequências da não inclusão de um trabalhador nas folhas de retribuições enviadas à seguradora?

Estando a entidade empregadora obrigada a enviar mensalmente à seguradora a relação de todos os trabalhadores e das respectivas retribuições, se ocorrer um acidente com um trabalhador que já prestava trabalho para a entidade empregadora e não era incluído nessas folhas mensais, entende-se que essa omissão determina a não cobertura do trabalhador sinistrado pelo contrato de seguro. Ou seja, o contrato de seguro não abrange os trabalhadores que não sejam mencionados nas folhas de retribuição.

Assim, nessa situação é a entidade empregadora a responsável pela reparação das consequências do acidente.

Além disso, tal incumprimento do contrato pelo empregador, permite à seguradora proceder à sua resolução, ou seja, fazer o contrato de seguro.

129. Quais as consequências da não indicação nas folhas de retribuições enviadas à seguradora dos praticantes, aprendizes e estagiários?

Conforme se disse anteriormente (no Cap. V), se o trabalhador for praticante, aprendiz ou estagiário, deve atender-se à retribuição anual média ilíquida de um trabalhador da mesma empresa ou empresa similar e categoria profissional correspondente à formação, aprendizagem ou estágio. Por isso, deve-se apurar qual a retribuição média que é auferida pelos trabalhadores com a categoria profissional para a qual a vítima do acidente ou da doença estava a fazer a formação, aprendizagem ou estágio, em princípio, na empresa onde trabalhava ou noutra do mesmo sector de actividade e similar, se necessário.

Assim, para que a seguradora possa conhecer o valor da retribuição a considerar como estando abrangida pelo seguro, a entidade empregadora deve identificar nas folhas de retribuição remetidas à seguradora os praticantes, aprendizes e estagiários e as respectivas retribuições de equiparação, ou seja, as dos trabalhadores que já concluíram a profissionalização.

Se a entidade empregadora não cumprir essa obrigação, a seguradora poderá apenas ser responsável pelo valor da retribuição que lhe foi comunicada. E a entidade empregadora responderá, nesse caso, pela diferença entre a retribuição que se deve considerar e a que foi declarada à seguradora, relativamente às pensões e à indemnização, e na respectiva proporção quanto às despesas de hospitalização, de assistência clínica e de transporte.

130. Que outras obrigações tem a entidade empregadora para com a seguradora relativamente às retribuições dos trabalhadores?

A entidade empregadora está obrigada:
a) a escriturar livros ou folhas de pagamento aos seus trabalhadores donde constem os respectivos nomes, profissões, dias e horas de trabalho, retribuições e outras prestações que revistam carácter de regularidade;

b) a conservar a escrituração referida na alínea anterior ou, em sua substituição, cópias das folhas de retribuições remetidas à Segurança Social, durante o prazo de cinco anos, a contar da data a que se refiram, a facultar o seu exame à seguradora e a prestar-lhe qualquer informação sempre que esta o julgue conveniente.

O que significa que a seguradora tem o direito de verificar a veracidade das informações que a entidade empregadora lhe fornece relativamente ao número, profissões e valores das retribuições efectivamente pagas aos seus trabalhadores, tendo para o efeito direito de acesso à documentação respectiva que a entidade empregadora deve conservar durante cinco anos.

Se a entidade empregadora não cumprir essas obrigações, a seguradora pode proceder à resolução do contrato de seguro e exercer contra ela o direito de regresso pelas importâncias suportadas para a reparação do acidente, na medida em que as mesmas sejam consequência do incumprimento daquelas obrigações, ou seja pode fazer cessar o contrato e exigir o reembolso das quantias que tenha pago (ao sinistrado, despesas com tratamentos, etc.).

131. Quais são as obrigações e responsabilidades da seguradora quando a mesma faz cessar o contrato de seguro por falta de pagamento do prémio de seguro?

A falta de pagamento do prémio ou fracção determina a não renovação ou a resolução automática e imediata do contrato, na data em que o pagamento seja devido, ou seja o contrato cessa nessa data.

A não renovação ou resolução do contrato por falta de pagamento do prémio será comunicada pela seguradora à Autoridade para as Condições de Trabalho (ACT), através do envio de listagens mensais por correio registado ou por outro meio do qual fique registo escrito ou electrónico.

A não renovação ou resolução do contrato por falta de pagamento do prémio ou fracção não é oponível a sinistrados ou terceiros lesados, até 15 dias após a recepção pela ACT das listagens referidas no número anterior.

Assim, com essa comunicação à ACT, a lei procura conseguir que a entidade empregadora não deixe de ter os seus trabalhadores segurados, devendo a ACT intervir de imediato junto da mesma com vista a que seja celebrado novo contrato de seguro.

Além disso, visando garantir a reparação dos danos aos trabalhadores que sofram um acidente de trabalho logo após a cessação do contrato de seguro e antes da celebração de outro que substitua o que cessou, a lei impõe à seguradora a manutenção da sua responsabilidade para com os sinistrados nos 15 dias seguintes à recepção daquela comunicação pela ACT. Assim, ocorrendo um sinistro nesse período, a seguradora não pode recusar a reparação devida ao sinistrado, invocando a cessação do contrato de seguro por falta de pagamento.

RESPONSABILIDADE CONTRA-ORDENACIONAL

132. Que comportamentos da entidade empregadora constituem uma contra-ordenação punida com coima?

Há várias situações de incumprimento das obrigações legais pela entidade empregadora que constituem uma contra-ordenação que é punida com uma coima.

Assim, o valor da coima pode variar entre o mínimo de € 498,80 e o máximo de € 3 750,98, se a entidade empregadora for uma pessoa singular (pessoa física ou individual,) ou o máximo de € 24 939,90, se se tratar de uma pessoa colectiva (uma sociedade comercial ou uma associação), nas situações seguintes:

1.º – Falta de celebração do contrato de seguro de acidentes de trabalho ou realização desse contrato com omissões ou insuficiências nas declarações feitas à seguradora quanto aos trabalhadores ou quanto às retribuições;
2.º – Não cumprimento da obrigação de prestar os primeiros socorros ao sinistrado;

3.º – Fazer tratar ou internar um sinistrado sem informar o serviço de saúde ou o consultório médico que se trata de um acidente de trabalho e que, por isso, é sua ou da seguradora com quem fez o seguro a responsabilidade pelo pagamento das despesas, pretendendo, assim, evitar responsabilizar-se pelo pagamento das respectivas despesas.

Noutros casos a coima varia entre o mínimo de € 249,40 e o máximo de € 1 496,40, se a entidade empregadora for uma pessoa singular (pessoa física ou individual,) ou o máximo de € 5 985,60, se se tratar de uma pessoa colectiva (uma sociedade comercial ou uma associação), o que sucede nas situações seguintes:

1.º Incumprimento do dever de ocupação obrigatória do sinistrado com incapacidade temporária parcial não superior a 50%;
2.º Falta de participação do acidente de trabalho ao tribunal do trabalho, no caso de a entidade empregadora não ter efectuado o seguro de acidentes de trabalho;
3.º Não cumprimento da obrigação de afixação no estabelecimento e em lugar bem visível das informações com as obrigações previstas na lei relativamente à protecção relativamente a acidentes de trabalho;
4.º Falta de identificação nos recibos de retribuição da empresa de seguros para a qual se encontra transferida a sua responsabilidade.

133. Que comportamentos da seguradora constituem uma contra-ordenação punida com coima?

Entre outras, as seguintes as situações de incumprimento das obrigações legais pela seguradora constituem uma contra-ordenação que é punida com uma coima:

1.º Falta de participação do acidente de trabalho ao tribunal do trabalho, no prazo de 8 dias, quando o período de incapacidade temporária ultrapasse 12 meses;

2.º Falta de participação do acidente de trabalho ao tribunal do trabalho, no prazo de 8 dias após a data da alta, quando do acidente tenha resultado incapacidade permanente;
3.º Falta de participação do acidente de trabalho ao tribunal do trabalho, imediatamente, por telecópia, telegrama ou correio electrónico e no prazo de 8 dias, através de participação formal, quando do acidente tenha resultado a morte.

Nestes casos a coima varia entre o mínimo de € 249,40 e o máximo de € 5 985,60, dado que a seguradora é sempre uma pessoa colectiva.

134. Que comportamento do trabalhador independente constitui uma contra-ordenação punida com coima?

A falta de celebração do contrato de seguro de acidentes de trabalho pelo trabalhador independente constitui uma contra-ordenação punida com uma coima, cujo valor varia entre € 49,90 e € 498,80.

135. A quem compete o processamento das contra-ordenações e a aplicação das coimas correspondentes?

Em termos gerais, a fiscalização do cumprimento das obrigações legais, a instrução dos processos de contra-ordenação e a aplicação das coimas competem à Autoridade para as Condições de Trabalho (anteriormente designada por Inspecção-Geral do Trabalho).

Assim, a ACT tem competência para aplicar as coimas acima referidas às entidades empregadoras e aos trabalhadores independentes.

No entanto, o processamento das contra-ordenações e a aplicação das respectivas coimas de que sejam responsáveis empresas de seguros é da competência do Instituto de Seguros de Portugal.

A ACT pode tomar conhecimento das infracções directamente através de acções de fiscalização da sua iniciativa ou em resultado de queixa ou denúncia, designadamente dos sindicatos ou dos trabalhadores.

Verificando-se no processo judicial de acidente de trabalho que foi cometida uma contra-ordenação, o tribunal fará a necessária comunicação à Autoridade para as Condições de Trabalho ou ao Instituto de Seguros de Portugal, consoante a competência de cada um desses organismos.

LEGISLAÇÃO PRINCIPAL

Lei dos Acidentes de Trabalho e Doenças Profissionais (L 100/97, de 13-09)

Regulamento da L 100/97 no que respeita a Acidentes de Trabalho (DL 143/99, de 30-04)

Regulamento da L 100/97 no que respeita a Doenças Profissionais (DL 248/99, de 02-07)

Regulamento do seguro de acidentes de trabalho para os Trabalhadores Independentes (DL 159/99, de 11-05)

Fundo de Acidentes de Trabalho (DL 142/99, de 30-04)

Tabelas de Remição da pensão (Portaria n.º 11/2000, de 13-01)

Tabela Nacional de Incapacidades, aplicável aos acidentes de trabalho que ocorreram e às doenças profissionais diagnosticadas antes de 21-01-2008 (DL 341/93, de 30-09)

Tabela Nacional de Incapacidades, aplicável aos acidentes de trabalho que ocorreram e às doenças profissionais diagnosticadas depois de 21-01-2008 (DL 352/07, de 23-10)

Lista das Doenças Profissionais (Decreto Regulamentar 76/07, de 17-07)

Actualização das pensões por acidente de trabalho em 01-01-2009 (Portaria 166/09 de 16-02)

Actualização das pensões por doença profissional em 01-01-2009 (Portaria 1514/08, de 24-12)

Retribuição mínima mensal garantida em vigor desde 01-01-2009 (DL 246/08, de 18-12)

LÉXICO

Acidente de trabalho: acontecimento súbito e imprevisto, com origem externa ao organismo do trabalhador, que lhe provoca uma lesão física ou psíquica da qual resulta incapacidade para o trabalho ou a morte; habitualmente verifica-se no local e no tempo de trabalho, mas pode também ocorrer noutros locais e momentos, em situações especificamente previstas na lei, por se considerar que o trabalhador ainda se encontra sujeito à autoridade da entidade empregadora.

Acidente de trajecto (in itinere): o acidente de trabalho que ocorre no trajecto de ida ou de regresso para e do local de trabalho ou nas deslocações para outros locais expressamente previstos na lei relativamente aos quais se considera existir uma conexão com a relação de trabalho; tem de se verificar no trajecto normalmente utilizado e durante o período de tempo ininterrupto habitualmente gasto.

Alimentos: aquilo que é indispensável ao sustento, habitação ou vestuário de uma pessoa.

Beneficiário legal: pessoa a quem a lei atribui o direito à reparação em caso de acidente de trabalho ou de doença profissional de que resulte a morte.

Caducidade do contrato de trabalho: cessação do contrato de trabalho, devido à impossibilidade superveniente (posterior ao início da relação laboral), absoluta (total e não apenas parcial) e definitiva (não temporária) de o trabalhador continuar a prestar o seu trabalho ao empregador.

Caução: forma de a entidade empregadora que não tenha transferido a sua responsabilidade para uma seguradora relativamente ao valor integral da retribuição do trabalhador garantir o pagamento das pensões vitalícias.

Causalidade adequada: relação entre o acidente e a lesão ou a doença e entre estas e a incapacidade para o trabalho ou a morte, de modo que se possa afirmar que estas foram provocadas pelo acidente.

Coima: quantia em dinheiro devida pela prática de infracção que a lei não qualifica como crime.

Contra-ordenações: infracções a regras de conduta que a lei não qualifica como crime, aplicáveis por autoridades administrativas; em relação às contra-ordenações ligadas ao regime jurídico de reparação dos acidentes de trabalho, a competência pertence à Autoridade para as Condições de Trabalho ou ao Instituto de Seguros de Portugal, consoante as infracções sejam cometidas por entidades empregadoras e trabalhadores independentes ou por seguradoras, respectivamente.

Danos não patrimoniais: lesão de direitos de natureza pessoal, que não são susceptíveis de avaliação em dinheiro, correspondendo, por exemplo, a dores físicas, sofrimentos psicológicos e angústias.

Danos patrimoniais corporais: lesão ou doença de que resulte incapacidade para o trabalho ou a morte de uma pessoa.

Direitos indisponíveis: direitos a que os seus titulares não podem renunciar.

Direito de regresso: direito de a seguradora exigir ao tomador do seguro o reembolso das quantias que gastou com a reparação do acidente de trabalho, verificando-se determinadas situações de incumprimento do contrato de seguro por parte do tomador do seguro previstas na lei.

Doença profissional: doença contraída em consequência da exposição continuada do trabalhador a um determinado risco profissional.

Dolo: comportamento intencional do agente relativamente à prática de certo facto; pode assumir as variedades de dolo directo, de dolo necessário ou de dolo eventual; no dolo eventual, a pessoa está ciente da possibilidade de ocorrer um determinado resultado e, no entanto, aceita-o

Força maior: acontecimento imprevisível e que não poderia ser evitado com as precauções normais; é o que, por exemplo, sucede quando o trabalhador é atingido inesperadamente por um tornado ou pela queda de uma árvore.

Nascituro: aquele que foi concebido, mas ainda não nasceu.

Negligência: incumprimento não intencional de regras ou de deveres de cuidado; o mesmo que imprevidência, imprudência, inconsideração, leviandade.

Negligência grosseira: comportamento temerário ou reprovado por um elementar sentido de prudência que, também, se pode designar como falta grave e indesculpável.

Pessoa segura: pessoa no interesse da qual é celebrado o contrato de seguro, ou seja, o trabalhador por conta de outrem ou o trabalhador independente, consoante os casos.

Prémio de seguro: quantitativo a cargo do tomador do seguro (a entidade empregadora ou o trabalhador independente), como contrapartida da transferência do risco para a seguradora.

Presunção: ilação que a lei pode extrair de determinados factos conhecidos para retirar uma certa conclusão; a existência de uma presunção faz recair sobre a parte contra a qual funciona a presunção o encargo de provar o contrário.

Recidiva: reaparecimento da lesão ou da doença que tinha sido dada como curada aquando da alta.

Remição da pensão: pagamento da totalidade da pensão numa vez só, através de um único montante, o qual é obtido através da multiplicação do valor anual da pensão pela taxa legal aplicável à idade do pensionista.

Resolução do contrato de seguro: cessação do contrato de seguro; se for por iniciativa da seguradora esta só o pode fazer nas situações expressamente previstas na lei.

Responsabilidade objectiva: obrigação de reparar danos causados a terceiros independentemente da existência de culpa.

Responsabilidade pelo risco: o mesmo que responsabilidade objectiva.

Retribuição mínima mensal garantida: o mesmo que salário mínimo nacional, cujo valor é, normalmente, actualizado em 1 de Janeiro de cada ano.

Revisão da incapacidade: reavaliação, posteriormente à sua fixação inicial, da incapacidade do sinistrado em caso de agravamento ou de melhoria da mesma.

Seguradora: empresa legalmente autorizada para a exploração do seguro obrigatório de acidentes de trabalho.

Sinistrado: o trabalhador por conta de outrem e o trabalhador independente que sofreu um acidente de trabalho.

Tomador do seguro: pessoa que celebra o contrato de seguro com a seguradora, sendo responsável pelo pagamento do prémio de seguro; será a entidade empregadora ou o trabalhador independente, consoante os casos.

Trabalhador independente: trabalhador que exerça uma actividade por conta própria.

Trabalhador por conta de outrem: essencialmente, o trabalhador vinculado por contrato de trabalho ou contrato legalmente equiparado (trabalho no domicílio) de qualquer actividade, seja ou não explorada com fim lucrativo.

União de facto: situação de duas pessoas que vivem em condições semelhantes às dos cônjuges no casamento.

Exmo Senhor
Procurador da República
Tribunal do Trabalho de
_____

PARTICIPAÇÃO DE ACIDENTE DE TRABALHO

SINISTRADO(A)
Nome do Sinistrado:
N.º Bilhete Identidade: Data Emissão: Emissor/País:
N.º Segurança Social: Nº Contribuinte:
Morada:
Localidade: Cod.Postal: Telefone/Telemóvel:
Data Nascimento: Naturalidade: Idade: Estado Civil:

DADOS DO ACIDENTE
Data do acidente: Hora: Local:
Descrição do acidente:
Entidade onde foi tratado (1ª vez):
Profissão (à data acidente):
Retribuição (à data acidente):
Grau e tipo de incapacidade (da seguradora):   Data da alta (da seguradora):

ENTIDADE PATRONAL
Denominação Social:
Morada:
Localidade: Cod.Postal: NIPC:

ENTIDADE SEGURADORA
Seguradora: N.º Apólice/ N.º Processo:

MOTIVO DA PARTICIPAÇÃO *(assinalar com x, no(s) quadrado(s) respectivo(s))*

☐ Falta de seguro da entidade patronal.

☐ Falta de participação do acidente à seguradora pela entidade patronal.

☐ Não concorda com a incapacidade e requer que seja submetido(a) a exame médico.

☐

Documento(s) junto(s):

(Localidade),   (Data)   Assinatura:
....